8 L 29 147 3

Paris - Nancy
1893-1899

Ardouin-Dumazet

Voyage en France

Les Iles de l'Atlantique : 1. D'arcachon (ile aux oiseaux) à Belle-Isle.

Tome 3

ARDOUIN-DUMAZET

Voyage en France

3ème Série

LES ÎLES
DE L'ATLANTIQUE

I

D'ARCACHON A BELLE-ISLE

PARIS
BERGER-LEVRAULT & Cie, ÉDITEURS

Voyage en France

OUVRAGES DU MÊME AUTEUR

Voyage en France. Ouvrage couronné par l'Académie française. Série d'élégants volumes in-12 à 3 fr. 50 c.

— 1re SÉRIE : Morvan. — Nivernais. — Sologne. — Beauce. — Gatinais. — Orléanais. — Maine. — Perche. — Touraine. — 1893. 1 volume. 3 fr. 50 c.

— 2e SÉRIE : Anjou. — Bas-Maine. — Nantes. — Basse-Loire. — Alpes mancelles. — Suisse normande. — 1894. 1 volume. 3 fr. 50 c.

— 3e SÉRIE : Les Iles de l'Atlantique : I. — *Ile aux Oiseaux* (Arcachon). *La Seudre et les îles de Marennes. Ile d'Oléron. Ile d'Aix. Iles Madame et Brouage. Ile de Ré. Ile d'Yeu. Ile de Noirmoutier. De l'île de Bouin à Saint-Nazaire. L'archipel de la Grande-Brière. L'Ile Dumet et la presqu'île du Croisic. Belle-Isle.* 1895. 1 volume avec de nombreuses cartes dans le texte. 3 fr. 50 c.

POUR PARAITRE PROCHAINEMENT :

— 4e SÉRIE : Les Iles de l'Atlantique : II. — *De Houat et Hœdic à Ouessant.* 1895. 1 volume avec de nombreuses cartes dans le texte. 3 fr. 50 c.

— 5e SÉRIE : Les Iles françaises de la Manche, Bretagne péninsulaire et Cotentin. (*Sous presse.*)

[Les Iles de la Méditerranée, la Corse, celles du groupe d'Hyères, etc., sont décrites dans le volume : *L'Armée navale en 1893.* Voir ci-après.]

— 6e SÉRIE : Lyon, les monts du Lyonnais, la vallée du Rhône de Seyssel à la mer. (*En préparation.*)

L'Armée navale en 1893. — *L'Escadre russe en Provence.* — **La Défense de la Corse.** — 1894. 1 volume in-12 avec 27 croquis ou vues et une carte de la Corse. 5 fr.

L'Armée et la flotte en 1894. Manœuvres navales. — Grandes manœuvres de Beauce. — Manœuvres de forteresse. 1895. 1 volume in-12, avec illustrations de Paul Léonnec et de nombreux croquis et cartes. 5 fr.

Au Régiment — En Escadre, préface de M. Mézières, de l'Académie française. 1894. 1 volume grand in-8°, avec 350 photographies instantanées de M. Paul Gers. 10 fr.

Le Colonel Bourras. Suivi du Rapport sur les opérations du corps franc des Vosges du colonel Bourras. 1892. Brochure in-12 avec un portrait et couverture illustrée. 60 centimes.

Le Nord de la France en 1789. — Flandre. — Artois. — Hainaut. — 1 volume in-12. (Maurice Dreyfous.)

La Frontière du Nord et les défenses belges de la Meuse. — 1 volume in-8°. (Baudoin.)

Une Armée dans les neiges, journal d'un volontaire du corps franc des Vosges. — 1 volume in-8° illustré (Rouam.)

Études algériennes. — 1 volume in-8°. (Guillaumin et Cie.)

Les grandes Manœuvres de 1882 à 1892. — 1 volume in-12 par année. (Baudoin et Rouam.)

ARDOUIN-DUMAZET

Voyage en France

3ᵉ SÉRIE
LES ILES DE L'ATLANTIQUE
1 — D'Arcachon (Ile aux Oiseaux) à Belle-Isle.

BERGER-LEVRAULT ET Cⁱᵉ, ÉDITEURS

PARIS NANCY
5, RUE DES BEAUX-ARTS 18, RUE DES GLACIS

1895

Tous droits réservés

VOYAGE EN FRANCE

LES ILES DE L'ATLANTIQUE

I. - D'Arcachon (Ile aux Oiseaux) à Belle-Isle.

Comment j'ai été amené à visiter les îles. — Iles rattachées au continent et terres entourées d'eau. — Caractères généraux de ces petits mondes. — D'Arcachon à Belle-Isle.

Mindin, près Saint-Nazaire, septembre 1894.

Ce troisième volume du *Voyage en France* devait être consacré à la région de l'ouest comprise entre la Loire, la Vienne, la Gironde et l'Océan et aux *îles* de ce littoral. J'ai donc visité ces petites terres où le touriste se rend si rarement, et le plan de cet ouvrage s'en est trouvé modifié. Pourquoi ne pas réunir dans le même livre les récits d'excursions à ces menus fragments de la grande patrie et faire connaître ainsi des coutumes et des mœurs que l'isolement a maintenues jusqu'à présent ?

Voilà comment je suis allé d'estuaire en estuaire, d'île en île, parcourant non seulement les terres encore entourées par l'Océan, mais celles que les apports de la mer ou de lents soulèvements du sol ont rattachées au continent. Ces conquêtes sur l'Océan ne sont pas les moindres curiosités de nos côtes. Les îles de Marennes, l'île de Bouin, l'archipel de la Grande-Brière, le Croisic, Quiberon sont encore des îles par leur situation au milieu de l'étendue morne des marais, entre ceux-ci et la mer, et par les usages des habitants.

C'est pourquoi, en suivant ce curieux littoral de l'Océan, je me suis arrêté partout où la mer a fait place à des plaines enserrant entre leurs grasses prairies et leurs cultures entrecoupées de canaux les monticules calcaires de la Saintonge et du Poitou et les anciennes îles granitiques de la Bretagne. Dans le langage des populations, d'ailleurs, ces terres sont encore des îles, comme aux temps lointains où les navires des Phéniciens venaient commercer dans ces archipels, où la flotte romaine allait à la conquête de l'Armorique. Le sol qui s'est formé autour d'elles, s'il n'est plus la mer, n'est pas encore la terre, l'eau suinte partout, l'inextricable lacis des canaux et les bras des petits fleuves conservent à la région un réel caractère d'archipel.

Ce voyage dans les péninsules et les îles est un de ceux qu'il faut accomplir pour bien comprendre les qualités maîtresses de notre race. En Saintonge, dans les grandes îles de Ré et d'Oleron, l'amour du paysan pour la terre, la persévérance dans le travail prennent un caractère de puissance qu'on ne saurait trouver nulle part ailleurs. A Ré et à Noirmoutiers on a conservé par des prodiges de labeur le sol même de l'île que l'Océan menaçait d'emporter; à la Grande-Brière l'archipel est occupé par une population surabondante qui reste cependant attachée à ces minuscules îlots perdus dans les marais. A Belle-Isle, une mince couche de terre végétale fait vivre des milliers de cultivateurs. A l'île d'Yeu, à Houat, à Hœdic, à Groix une forte race de marins parcourt sans cesse la mer; dans le Morbihan les îles présentent les plus antiques monuments de notre civilisation et les plus gracieux paysages. Aux Glénans, à Sein, à Ouessant, on pourrait se croire bien loin de France dans quelque archipel reculé où rien de ce qui fait la vie moderne n'est encore parvenu.

Et quels plus pittoresques panoramas maritimes que l'île de Batz, d'aspect si sévère, ou l'île de Bréhat découpée comme un site lunaire? Un voyage aux îles, mais c'est, en raccourci, la France tout entière, avec ses paysages variés, puissants ou gracieux, ses peuples ardents au travail, attachés fidèlement à la patrie. Nulle part nous ne trouverions plus de résignation et de vaillance que dans ces populations de marins et de laboureurs qui vivent au milieu des tempêtes formidables de l'Océan, arrachant leur existence à la mer ou au sol.

C'est presque à un voyage dans l'inconnu que je conduis le lecteur dans ces deux nouveaux volumes, car un seul n'a pu suffire; si quelques-unes de ces îles ont été l'objet de monographies, beaucoup d'entre elles n'ont pas été décrites ou n'ont été étudiées qu'à un point de vue particulier. Puissiez-vous y trouver le plaisir et la surprise que j'ai éprouvés en parcourant ces petits mondes, j'oserai même dire en les découvrant[1].

---

[1]. Les cartes qui accompagnent chaque chapitre sont empruntées à l'état-major. Pour les terres très vastes, comme Ré, Oléron et les estuaires de la Seudre et de la Charente, j'ai fait choix du $\frac{1}{320,000}$. Pour les autres, le $\frac{1}{80,000}$ a été préféré. L'échelle, très réduite, n'avait d'ailleurs aucun inconvénient pour les grandes îles, ce sont des terres plates et sans grand relief, j'ai complété les indications par les noms de hameaux. Les autres cartes ont été de même complétées et rectifiées lorsque cela était nécessaire. — A.-D.

I

L'ILE AUX OISEAUX

L'île de Robinson. — Le bassin d'Arcachon. — Les crassats. — Élevage des huîtres. — Découverte de M. Coste. — Création des claires et des parcs.

Arcachon.

Le hasard a voulu que je commence par le sud cette excursion insulaire de l'Atlantique qui doit me conduire à Ouessant, et, par delà encore, à Batz et à Bréhat. La première terre entourée d'eau dans ces parages est véritablement l'île d'un Robinson, d'un Robinson policé toutefois, ayant gardé des rapports fréquents avec l'humanité, consentant même à prendre en pension le bétail des continentaux voisins, recevant aimablement les touristes moyennant finances, moyennant finances aussi les autorisant à tuer le gibier de l'île, simples et modestes lapins payés cinquante centimes par coup de feu heureux ou maladroit, plus cinquante centimes par léporide occis. Robinson, c'est le fermier d'un îlot marécageux, appartenant à l'État.

Malgré cette population de quadrupèdes, l'île d'où je reviens à bord d'une « pinasse », bateau à fond plat spécial au bassin d'Arcachon, terre vaste de 225 hectares quand la marée a recouvert tous les *crassats* ou bancs adjacents, porte un nom emprunté à l'ornithologie : « l'Ile aux Oiseaux ». Jadis, en effet, c'était un lieu de rendez-vous pour les canards et autres oiseaux de passage, mais les progrès de l'ostréiculture, en amenant sur les crassats une foule sans cesse croissante de récolteurs d'huîtres, a mis en fuite ces intéressants palmipèdes. C'en est fait de ces chasses fabuleuses où, dans une seule journée, on prenait les canards par centaines dans les filets tendus sur les crassats.

En dehors de ses rares oiseaux, de ses lapins prolifiques et de ses huîtres, l'île aux Oiseaux reçoit pendant une grande partie de l'année de nombreux troupeaux venus pour paître l'herbe courte et savoureuse de ce plateau à fleur d'eau. Çà et là, sur les rives, des baraques nombreuses s'alignent : ce sont les abris des ostréiculteurs.

Car l'île, ses abords, les bancs voisins sont le théâtre d'une activité prodigieuse, entièrement due aux huîtres. A cette heure, de la terrasse où j'écris, une telle affirmation semble un paradoxe : aussi loin que la vue peut s'étendre, c'est un

horizon de vases grises, traversées par d'étroits
chenaux qui, vus des hautes dunes voisines ou
sur une carte marine, représentent les tentacules
d'un poulpe. Chacun de ces tentacules a pour
origine quelque ruisselet venu des Landes, à travers les bois de pins et les marais ; les plus puissants dérivent du delta de la Leyre, petit fleuve
abondant et clair, dont le bassin d'Arcachon
peut être considéré comme l'estuaire.

Attendez: maintenant voici le renversement du
flot ; le chenal d'Eyrac, dont les eaux fuyaient
rapidement vers l'ouest, est devenu un moment
immobile, puis le courant s'est renversé, il s'est
dirigé vers l'est, d'abord lent, puis impétueux.
Les flots accourent, se heurtent aux crassats avec
de petites vagues ; peu à peu ils couvrent ces
bancs, la morne étendue fait place à une nappe
d'eau s'élargissant sans cesse, les îles de vase
sont d'abord devenues des îlots ; ce sont maintenant des récifs et, tout à coup, la mer a tout
recouvert. Seule, au milieu de l'immense bassin
de 15,500 hectares, émerge une terre basse, verdoyant sur le fond glauque des eaux marines,
avec des huttes qui rappellent les habitations des
sauvages. C'est l'île des Oiseaux.

Et, de toutes parts, d'Arcachon, de la Teste, de
Gujan, de ces villages au nom sonore : Mestras,

Biganos, Audenge, Andernos, Arès, accourent en foule des centaines d'embarcations : tilloles, pinasses, canots, filadières ; les unes pêchent des poissons, les autres vont draguer les huîtres sur les crassats. C'est d'une gaîté sans pareille ; dans l'air limpide et transparent de la Guyenne, sous le ciel bleu, sur la mer clapotante, entre les pinèdes des Landes et celles des dunes, les voiles blanches, grises ou roses courent dans tous les sens, les unes, allant vers la haute mer faire la grande pêche, filent entre les brisants de la passe qu'on entend gronder, les autres jettent sur l'île aux Oiseaux, tout à l'heure solitaire, tout un flot de pêcheurs, de détroqueurs et de détroqueuses, qui, chaussés de longues planchettes pour ne pas enfoncer dans la vase, vont dans un instant s'aventurer sur le sol à moitié fluide des crassats.

O la curieuse cité que la ville annulaire de l'île des Oiseaux, bordant les quatre kilomètres de côte ! cela rappelle les faubourgs fantastiques qui entourent certaines villes algériennes et qu'on appelle les Beni-Ramassés. Mais la lande et la dune abondent en bois, le pin a donné la carcasse et le toit de constructions étonnantes : cabanes pointues ou carrées, couvertes en bardeaux, en lattes, en vieilles tuiles de collecteurs, en carton

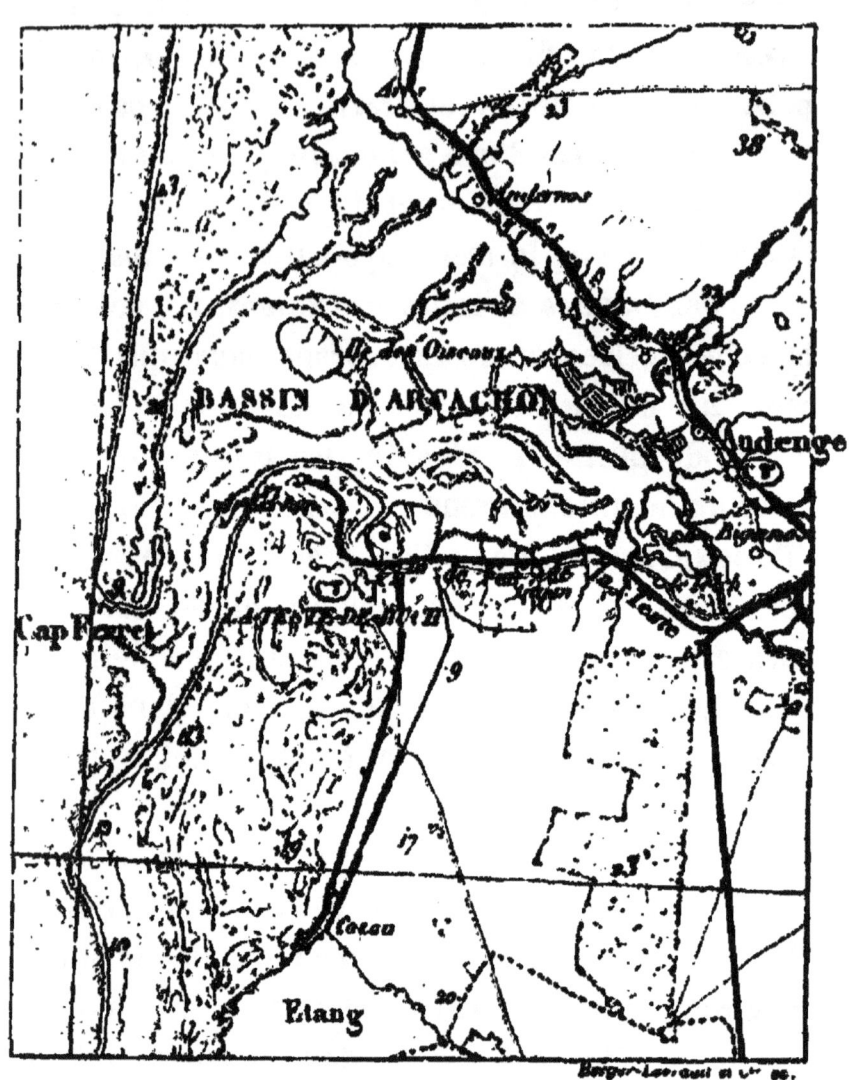

LE BASSIN D'ARCACHON ET L'ILE AUX OISEAUX

D'après la carte de l'état-major au $\frac{1}{320,000}$.

bitumé. C'est là dedans qu'on s'abrite pendant les grains, qu'on serre les outils, qu'on détroque les huîtres. Tout autour de l'immense bassin, vingt mille individus vivant de la pêche ont ainsi installé des campements qui nous ramènent bien loin de notre civilisation. Qu'on ne pleure pas trop sur le sort des pêcheurs, ce ne sont là que des gîtes temporaires. L'habitation est dans ces villages des rives du bassin propres, clairs et gais à l'œil.

Ce chiffre de 20,000 individus vivant par l'ostréiculture, c'est-à-dire l'élevage des huîtres, n'a rien pour surprendre si l'on sait que le bassin d'Arcachon compte 4,884 parcs à huîtres, couvrant 4,700 hectares et ayant fourni à la consommation ou à l'élevage, dans la seule année 1890, une quantité de 258,067,000 huîtres françaises. Le chiffre des huîtres restant dans les parcs au 1er janvier 1891 était de 504,749,660. Pas une de plus ou de moins, la statistique officielle est là : ces centaines de millions se terminent par cinq douzaines. Il y avait en outre près de huit millions d'huîtres portugaises.

Ces statistiques, d'ailleurs, ont une base, il s'agit uniquement des huîtres élevées dans des parcs et claires, on ne compte ni celles qui croissent à l'état libre sur les crassats, ni celles qui

sont encore sur les collecteurs où s'attachent les
naissains et d'où elles seront détroquées.

Qu'est-ce donc que ce détroquage dont le nom
revient si souvent ici ? C'est un peu un conte de
fées, cette histoire.

Jadis, avant que les chemins de fer eussent
permis aux pays les plus reculés de recevoir les
produits de la mer, la quantité d'huîtres consommée était relativement faible. Au delà d'une
certaine zone reliée à la mer par des voitures
rapides, le précieux mollusque était inconnu,
aussi suffisait-il pour la consommation d'exploiter les bancs naturels. L'huître laisse échapper
une substance blanche, presque laiteuse, et
composée d'œufs microscopiques ; chaque huître
donne naissance à 8,000 germes. Naturellement
une grande partie est emportée par les courants,
détruite par les tempêtes, séchée sur les plages à
marée basse, mangée par les myriades d'animaux
que nourrit la mer, mais enfin il en reste beaucoup ; ces germes s'accrochent aux bancs de sable,
sur les pierres, sur les racines d'arbres, surtout
sur d'autres huîtres ; s'y développent et finissent
par former ces masses compactes qu'on appelle
des bancs. C'est là que, de temps immémorial, à
marée basse, les habitants des côtes allaient les
recueillir. Ces bancs, dans la baie de Cancale,

dans les estuaires bretons, la baie de Saint-Brieuc, la rade de Brest, la baie de Bourgneuf, la Seudre, la Gironde, le bassin d'Arcachon, couvraient des étendues immenses. On se bornait à récolter les huîtres que demandaient Paris et les grandes villes. Mais quand les chemins de fer ont permis de les porter partout ; quand, le bien-être aidant, les huîtres sont devenues pour ainsi dire un besoin de l'existence, on a exploité les bancs avec une telle imprévoyance, on les a si bien raclés, dragués, troublés, qu'en peu d'années cette richesse a été perdue. Certains bancs très riches ont disparu. Le moment était proche où l'*ostrea edulis* ne serait plus qu'un souvenir.

M. Coste vint. M. Coste est un savant qui s'était voué à l'embryogénie, c'est-à-dire à l'étude de la formation et l'éclosion des germes. Professeur au Muséum et au Collège de France, il démontra que l'on pouvait faire éclore artificiellement les œufs des poissons en préservant les jeunes alevins des causes multiples de ruine qui les attendent. Ces idées triomphèrent, M. Coste étudia ensuite les moyens d'appliquer les mêmes principes à l'élevage des huîtres. Ayant reconnu des bancs propres à la vie des mollusques, il y fit semer des huîtres mères. Pour recueillir le naissain, on jeta des coquilles sur les bancs, on y disposa des fascines retenues au fond de l'eau. Le succès fut complet : sur une seule fascine on compta jusqu'à 20,000 huîtres, les coquilles en étaient couvertes. Il n'y avait plus qu'à recueillir ces petites huîtres et à les placer dans des parcs pour leur éviter les causes de destruction.

L'idée a fait son chemin. Soit par M. Coste, soit par des ostréiculteurs, on a perfectionné la méthode. A Arcachon on a remplacé écailles et fascines par des tuiles de forme arrondie, semblables à celles qu'on emploie dans une grande partie de la France. On les plonge dans un bain de chaux hydraulique qu'on laisse sécher, de façon à fournir au naissain les éléments calcaires de sa coquille, puis ces tuiles sont disposées, au nombre de trente à quarante, dans des cases en bois goudronné, installées solidement sur les bancs, et que la mer doit couvrir à marée haute. Quand le flot arrive, transportant des milliards de germes issus des bancs naturels, le naissain s'attache aux tuiles et, bientôt, 200 à 300 petites huîtres par tuile viennent au monde sur cet étroit espace. On évalue à trois milliards par année le chiffre des naissances dans tout le bassin. Naturellement tous ces mollusques ne vivront pas : les intempéries, les chocs, les ennemis de l'huître : poissons qui broient les jeunes coquilles pour en dévorer le contenu, crabes dont les fortes pinces ont vite raison de l'écaille, bigorneaux perceurs qui la trouent afin d'atteindre leur proie, en font périr des millions. Mais il en reste beaucoup. Ce sont celles-là qu'on va détroquer.

L'opération est simple : sur une sorte d'établi, des jeunes filles armées d'un couteau spécial enlèvent, c'est-à-dire *détroquent* les huîtres, en conservant une parcelle de la chaux qui recouvre les tuiles.

Les collecteurs ont été placés du 12 au 15 juin, on les relève en septembre. A ce moment les jeunes huîtres ont de deux à quatre centimètres, on les passe au crible pour faire un premier triage, puis elles sont disposées dans des caisses « blindées », c'est-à-dire fermées au moyen de toile métallique galvanisée et goudronnée qui laisse pénétrer librement l'eau de la mer, tout en interdisant le passage aux crabes et aux poissons. La marée recouvre deux fois par jour ces caisses; on les arrose entre deux flots, on les nettoie : en peu de temps, l'huître atteint de 4 à 7 centimètres. Ce sont alors de petits coquillages d'un blanc rosé, assez informes. Pour obtenir la belle huître plate, la « gravette » d'Arcachon, comme d'ailleurs l'huître plus grosse de Marennes, on les dispose dans des *claires*.

Les claires d'Arcachon sont des bassins de 250 à 300 mètres carrés fermés par une digue en argile battue, communiquant entre eux par de petites écluses qui permettent, à marée basse, de les vider complètement quand on veut procéder à la semaille ou à la pêche des huîtres. Les jeunes huîtres détroquées sont sorties de leurs caisses après trois mois de séjour et régulièrement répandues, « semées » sur l'aire de la claire. Là elles sont laissées à elles-mêmes, mais à l'abri de leurs ennemis les crabes, bigorneaux perceurs ou carnaillots par une bande de toile métallique galvanisée courant sur le talus d'argile; pour effrayer les poissons on plante des branches de pins.

Les huîtres restent alors dans la claire; beaucoup en sont extraites lorsqu'elles ont les cinq centimètres de diamètre prévus par les règlements, et sont vendues aux parqueurs de l'île d'Oleron, de Marennes, de l'île de Ré, de la Bretagne, où nous les retrouverons au cours de ce voyage dans les îles. En 1891 on en a transporté de la sorte 11,400,000.

Les autres stationnent dans les claires jusqu'à ce qu'elles aient atteint leur cinquième année, alors a lieu la cueillette.

Des files de pêcheurs hommes et femmes, des

femmes surtout, en costume bizarre, vaste culotte de drap rouge, fermant sur un caraco, et chapeau de paille retenu par un mouchoir, grattent le sol de la claire avec un râteau pour retrouver les huîtres à demi enfouies dans le sable et la vase. Les huîtres viennent ensuite à terre sur les embarcations, elles sont lavées, triées, placées en caisses si on doit les expédier de suite, ou disposées dans des réservoirs pour être mises en bourriches au fur et à mesure des commandes.

Cette industrie est très curieuse et très prospère, mais elle est menacée par sa prospérité même. On a si bien utilisé tous les crassats, on a si bien couvert de parcs tous les points favorables que le bassin d'Arcachon, si vaste soit-il, ne peut plus produire la quantité d'aliments nécessaires à ces milliards d'huîtres. On constate une lenteur de croissance et une infériorité de qualité. M. Bouchon-Brandely, inspecteur général des pêches, attribuait ce fait à la mise en état de parc des laisses de mer qui entourent l'île aux Oiseaux et qui étaient couvertes de prairies marines de zostères, où s'élaboraient les sucs nourriciers dont vivent les huîtres.

C'est que, toutes proportions gardées, l'envahissement des crassats pour l'installation des parcs à huîtres est comparable à l'accaparement des terres dans le grand ouest américain ou à l'occupation des placers de Californie. En voyant les gains réalisés par l'ostréiculteur, tout le monde a voulu faire de l'ostréiculture. Le législateur a sagement entendu réserver la pêche marine aux marins de l'inscription maritime, c'est-à-dire aux hommes qui ont rendu ou peuvent rendre des services sur mer, nombre d'individus ont alors obtenu, d'une autorité trop facile, d'être inscrits, afin d'éviter de payer une redevance. Tandis que les inscrits légitimes, tous anciens marins, ont à peine un hectare de claires, étendue bien suffisante pour occuper une famille, certains inscrits tardifs se sont fait octroyer sur divers points jusqu'à cinquante hectares. Le plus singulier, c'est que par le fait seul de l'inscription ces gens-là auront droit, à cinquante ans, à une pension de retraite sur la caisse des invalides de la marine!

Or, que sont ces intéressants futurs pensionnaires? M. Bouchon-Brandely nous l'apprend : dans le quartier de la Teste, c'est-à-dire à Arcachon, sur 250 inscrits tardifs, 20 seulement sont marins ou ostréiculteurs; les autres se sont mis sur les crassats sans droits acquis ni connaissances spéciales. On y voit des merciers, des forgerons, des entrepreneurs, des rentiers, des négociants, des bergers, des cochers, des horlogers, des boulangers et des bouchers, jusqu'à des clercs d'huissier, des domestiques, des selliers, des employés de chemin de fer, des coiffeurs et des cafetiers! On comprend que les parcs établis par ces aventuriers du crassat ont peu à peu couvert le bassin, de telle sorte qu'il y a plus d'huîtres que l'immense nappe d'eau n'en peut nourrir.

D'ailleurs les huîtres ne sont pas toutes parquées ; l'État a fort sagement réservé certains bancs naturels où le mollusque n'est troublé qu'une fois par an. Ce jour est annoncé d'avance: au lever du soleil le stationnaire de l'État hisse une flamme à son mât, ce signal est imité par chaque bateau de surveillance, alors les barques vont à marée haute draguer sur les bancs, on cueille à la main les huîtres à marée basse. Hommes, femmes, enfants, se ruent sur les bancs jusqu'au soir. Il faut laisser sur les huîtrières les graviers, les poussiers, les fragments d'écaille, tout ce qui peut assurer la reproduction du banc, mais il faut apporter à terre les goémons et les vases. Au coucher du soleil, le stationnaire amène son pavillon et la pêche doit cesser.

Seuls les inscrits maritimes et leurs familles ont droit à cette pêche; en fait, c'est une curée. A Arcachon, au moins, on y veille ; mais certains points des côtes où se sont formés naturellement des bancs d'huîtres portugaises, sont, aux basses mers d'équinoxe, envahis par une foule accourue de vingt à vingt-cinq lieues à la ronde. Dans l'estuaire girondin, entre Lesparre et le Verdon, un banc qui doit, dit-on, son origine au naufrage d'un navire chargé d'huîtres portugaises, donnait lieu chaque année, il y a douze ou quinze ans de cela, à des scènes curieuses. De tous les points de l'estuaire accouraient des barques, de tous les points des landes girondines arrivaient des chariots remplis de tonneaux vides. Quand la mer s'était retirée, le banc émergeait, alors des milliers de gens, hommes, femmes, enfants se ruaient à coups de marteaux et de hachettes pour détacher les huîtres; paniers et tonneaux étaient remplis et la récolte était vendue aux parqueurs d'Oleron, de Marennes et d'Arcachon. Cette scène curieuse était une des choses que les Bordelais recommandaient aux étrangers d'aller voir. A-t-elle lieu encore ou le banc a-t-il succombé à ce pillage annuel, comme ont disparu tant d'autres gisements naturels?

Pendant que j'écrivais ces pages, la mer s'est retirée de nouveau, les crassats ont émergé; sur ces bancs toute une population active sème les huîtres, nettoie les parcs et les claires. Sur cet horizon gris des bancs que sillonnent de larges chenaux, les huttes de l'île aux Oiseaux ont un fantastique aspect ; en dépit des architectures diverses des chalets d'Arcachon, où le mauresque, le suisse, le rococo, le gothique se mêlent dans un gai tohu-bohu de couleurs et de formes, on est tenté de se croire loin, bien loin de cette civilisation raffinée, dans quelque île des mers inconnues, au milieu d'une population d'ichtyophages.

II

LA SEUDRE ET LES ILES DE MARENNES.

Le pays d'Arvert. — Les monts qui marchent. — La Tremblade. — La Grève. — La Seudre. — Les marins. — Marennes. — Visite aux parcs à huîtres. — L'Ile de Marennes. — La pointe et le fort Chapus. — En mer.

Saint-Trojan.

C'est bien la solitude rêvée que ce village de Saint-Trojan, aux maisons claires dans leur adorable bariolage, peuplé de pêcheurs d'huîtres et de sauniers, bâti au bout de l'Ile d'Oleron, à l'entrée de ce formidable pertuis de Maumusson, qui mériterait le nom de passage des Trépassés, tant sont nombreux les navires qui sont venus finir sur ses brisants et les marins qui y ont trouvé la mort.

Pour bien jouir du calme de Saint-Trojan, il faut avoir parcouru pendant deux ou trois heures quelque plage à la mode, encombrée de baigneurs et de baigneuses, de voitures, de toilettes élégantes ou extravagantes, il faut avoir entendu les papotages de la grande conche de Royan. Alors partez, reprenez le chemin de fer jusqu'à Saujon, montez dans le petit railway de poche, aux lentes allures, qui s'en va entre la Seudre et les dunes du pays d'Arvert.

C'est un monde nouveau que l'on découvre par les portières du wagon, terres basses sillonnées de chenaux, criblées des cônes blancs des salines qui miroitent au soleil; vastes vignobles exubérants de sève et couverts de grappes superbes, vergers où les pommiers et les poiriers plient sous le poids des fruits ; toute cette zone de culture formant une mince arête verdoyante, de tonalité claire, entre les bois sombres de pins qui couvrent les dunes et la morne étendue des marais salants.

Dans les marais, sans qu'on voie étinceler la moindre nappe d'eau, on aperçoit courir, semblables à de gigantesques mouettes, les voiles blanches ou roses des pêcheurs d'huîtres et des sauniers. C'est une apparition singulière, bien faite pour surprendre ceux qui la voient pour la première fois.

Le chemin de fer se tord au flanc des petites collines, presque sous les branches des pommiers et des poiriers, tout contre des pampres verts. A partir d'Étaules, on commence à découvrir la Seudre, large ruban clair que le soleil irradie. Au fond de l'horizon, le clocher de Marennes se dresse à côté des longs fuseaux de cheminées d'usines, presque aussi hauts que lui et qui portent un long panache de noire fumée.

Voici Arvert, qui a donné son nom à la péninsule. A l'abri des dunes qui voulaient l'envahir et maintenant fixées, ce gros village aux maisons blanches a un air de prospérité qui fait plaisir à voir.

Le pays d'Arvert est un de ceux qui doivent la vie à l'immortel Brémontier. Grâce à la découverte du procédé employé aujourd'hui pour la fixation de ces monticules envahissants, qui avaient fait dire « que les monts marchent en Arvert », grâce à ses efforts et à son génie — le mot n'est pas trop fort — on est parvenu à arrêter les blanches et mouvantes collines. Aujourd'hui, de Royau à Maumusson et à la Tremblade, une belle forêt couvre les mamelons arénacés et forme une bordure magnifique à la mer et au détroit.

La Tremblade : le train stationne longuement et verse son contingent de baigneurs pour Ronce-les-Bains. On peut descendre et aller jusqu'au bord du chenal vaseux où les petits navires attendent le flot pour reprendre leur voyage. Puis le convoi se remet en route, locomotive en queue, et s'en va lentement jusqu'à la Grève.

La station terminus est là, au bord du large estuaire de la Seudre. Le flot montant commence à se faire sentir, et toute une flotte d'embarcations et de petits navires surgit à l'embouchure du fleuve, déploie ses voiles et remonte rapidement la large nappe d'eau.

C'est superbe. Les voiles innombrables se gonflent au vent, se pressent, se divisent, pénètrent au cœur du pays d'Arvert et du pays de Marennes par les innombrables chenaux qui y serpentent.

Rien ne donne mieux que ce spectacle la sensation d'une vie intense.

Les voiles obéissent à la main des matelots, se plient, s'ouvrent, s'abaissent, comme si elles étaient une intelligence. La facilité avec laquelle les marins se rient des dangers d'une telle navigation fait comprendre les qualités héroïques de ce petit peuple des côtes de Saintonge. C'est aux bords de la Seudre que furent recrutés les intrépides marins du *Vengeur*.

Le flot a monté, le bac de Marennes accoste la petite jetée de la Grève; on nous y embarque; nous voilà lancés sur ce fleuve qui, avec moins de 25 kilomètres de longueur navigable, est un

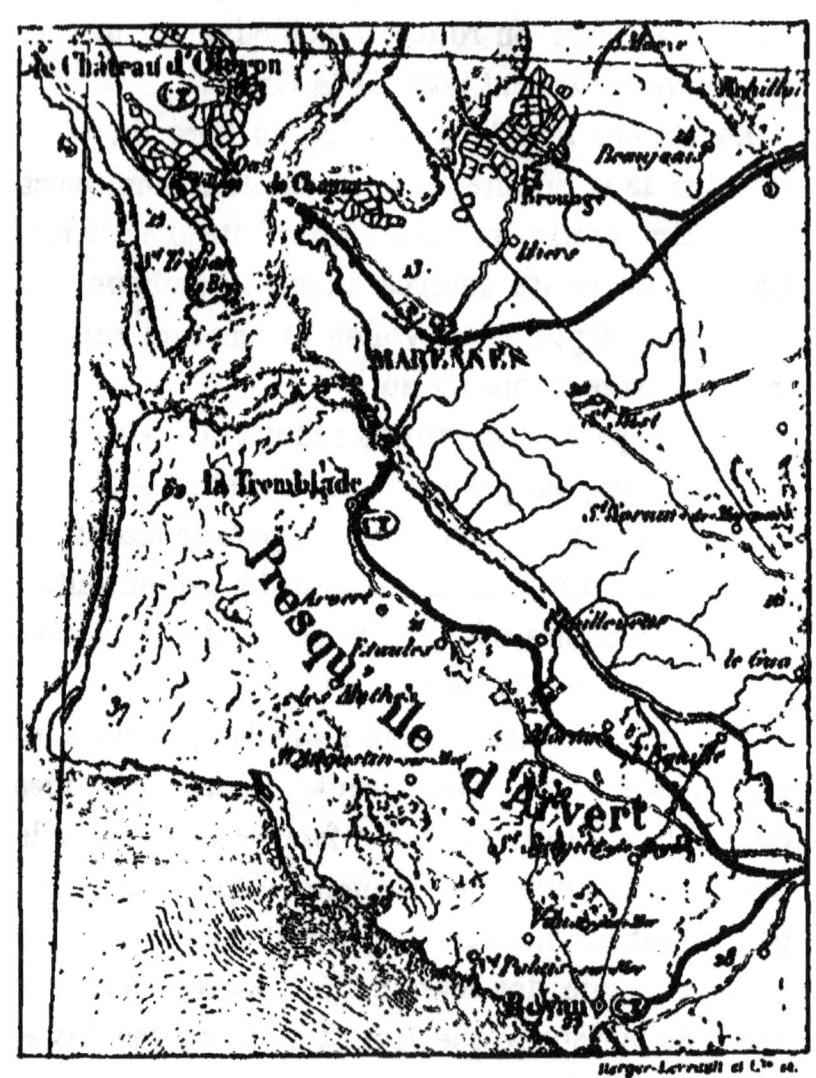

L'ESTUAIRE DE LA SEUDRE.

PRESQU'ILE D'ARVERT ET ILES DE MARENNES.

D'après la carte de l'état-major au $\frac{1}{320,000}$.

des plus larges de France. Un bateau à vapeur nous jette une amarre, on y accroche le bac et nous voguons rapidement entre les barques qui suivent le flot.

Après quelques minutes de navigation, nous atteignons la Cayenne-de-Seudre, où l'on met pied à terre pour monter dans la patache qui fait le service de Marennes.

La route suit le bord du chenal de Marennes où le flot monte, entraînant avec lui des paquets d'écume. De l'autre côté sont d'immenses étendues de salines, sans arbres, sans verdure sur les berges. Des tas de vase séchée au soleil et couverts d'un toit de paille se dressent, gris, au-dessus de l'immensité grise. Ce sont les demeures des sauniers au moment de la récolte.

Devant nous, un petit bassin à flot où deux ou trois navires sont amarrés ; une vaste usine dont les cheminées sont, avec la flèche de l'église, le détail caractéristique du paysage.

C'est Marennes.

Nous traversons le chemin de fer qui vient de Tonnay-Charente à travers d'immenses marais et dont le terminus est au bord de la mer, au Chapus. Immédiatement on entre dans la ville, une bien petite ville, bien propre, bien tranquille et bien sage, où l'on ne s'écrase pas dans les rues, où l'on paraît prendre doucement la vie. Il semble que les mornes étendues des marais vous poursuivent même dans les voies proprettes de la cité.

Sur la place bordée de jolis arbres, la statue en bronze de M. de Chasseloup-Laubat, en beau costume de ministre de la marine, est juchée sur un piédestal en pierre. Le grand administrateur a des pantalons et l'air se joue entre ses jambes, cela lui donne une drôle d'attitude.

Le monument par excellence de Marennes est son église. La flèche est magnifique. Haute de 85 mètres, ses proportions sont d'une harmonie si pure qu'on ne saurait croire à telle élévation. Il faut la voir des rivages de l'île d'Oleron pour bien s'en rendre compte.

Marennes est rapidement visitée. La grande curiosité de l'ancien archipel est du reste, au dehors de la ville, dans ces terres basses et inondées qui ont remplacé la mer antique au-dessus de laquelle surgissaient des îles nombreuses, qui, aujourd'hui encore, apparaissent au-dessus de la triste étendue des palus, entre la Charente et la Seudre : Hiers et Beaugeay, étroits îlots, une île plus longue mais très étroite, sur laquelle les communes de Saint-Sornin et de Saint-Just alignent maintenant leurs maisons blanches, se détachent nettement sur les terres basses et vertes, horizontales comme la mer qu'elles ont remplacée. Il y a peu de siècles encore, quand les flots couvraient le pays, les îles étaient si nombreuses qu'on appelait cette contrée le « Colloque des îles ».

Entre ces terres rattachées au continent par le lent soulèvement du sol et les apports limoneux des fleuves, une infinité de canaux, de chenaux et de fosses maintiennent le caractère insulaire de la contrée. Ce sont autant d'artères par où remonte le flot salin venu de la mer en suivant la Seudre, le canal de Mérignac et le havre de Brouage pour aller alimenter les salines et les parcs à huîtres. Je parlerai plus loin, à propos d'Oleron et de Ré, des salines d'Aunis et de Saintonge, mais il faut jeter un coup d'œil sur les claires où s'engraisse l'huître verte de Marennes.

Ces claires ont achevé la transformation du pays de Marennes, due à un homme de cœur dont le nom doit être retenu à côté de ceux de Brémontier et de Coste, M. Leterme, longtemps sous-préfet. Cet administrateur, à son arrivée en 1818, trouva la région en proie à la plus grande misère et aux pires fléaux. Les terres sans écoulement retenaient les eaux ; l'été, des effluves

malsains s'élevaient, fauchant la population déjà
clairsemée. M. Leterme fit creuser des canaux,
dessécher les marais, créer des prairies partout où
le sol était suffisamment élevé. Les fièvres disparurent, le pays se peupla, aujourd'hui la grande
œuvre d'assainissement est presque terminée.

Les terres qui bordent la Seudre et les chenaux adjacents, et celles qui longent la mer ont été
conservées en marais salants et surtout en parcs
à huîtres, tous connus sous le nom de *claires*.

M. Coste, auquel il faut toujours revenir quand
il s'agit d'ostréiculture, a donné comme modèle
d'exploitation des huîtres, le système employé à
Marennes. Les claires sont restées ce qu'elles
étaient lorsque l'éminent professeur les visita
pour la première fois : d'une superficie de 250 à
300 mètres, elles sont closes par un *chantier*,
levée en terre épaisse et haute de un mètre, servant de chemin aux *amareilleurs* qui doivent soigner le parc. Ces digues sont très fortement battues, de façon à résister à la pression de l'eau
contenue dans les bassins. Une écluse permet de
régler l'entrée et la sortie de l'eau de mer pour
en établir le niveau suivant le besoin ou pour
vider les claires lorsqu'on veut nettoyer le fond,
déposer les huîtres à verdir ou laver celles qui
seraient noyées de vase ou de limon. D'ailleurs,

pour échapper à ce dernier danger, les bassins sont parfois munis d'un fossé intérieur où s'écoule, par une pente légère du plateau intérieur qui est bombé, les vases ou matières en suspension.

Ces bassins ainsi construits sont au-dessus des hautes mers ordinaires. Pour les remplir il faut attendre les grandes malines. On ouvre alors l'écluse, on laisse pénétrer le flot et, celui-ci ayant atteint son plein, on ferme l'écluse ; les eaux captives font un travail mystérieux sur le fond de la claire, l'imprègnent de principes salins, la purgent de tous sels ou matières organiques nuisibles aux huîtres. La claire ayant ainsi acquis ces qualités, est vidée et les amareilleurs peuvent *parer le sol*.

C'est une opération assez semblable à la création d'une aire à battre le blé. La claire est débarrassée de toutes les herbes, de tous les corps qui la souillent ; on l'aplanit, on la dame, on laisse le soleil durcir le sol. Toutes ces opérations sont nécessaires pour que les huîtres ne s'enfoncent pas dans la vase.

Pendant ces travaux le mois de septembre est venu ; la ponte étant finie, on autorise la pêche sur les bancs. Tout le monde va faire la cueillette.

On dépose les huîtres dans les réservoirs non loin du lieu de pêche, les plus grosses sont vendues, les plus petites soigneusement triées, choisies pour leurs formes les plus régulières, sont transportées dans les claires et disposées à la main sur le fond du bassin ; on en place ainsi 4,000 à 5,000 de façon à ce qu'elles ne se touchent pas et ne puissent se nuire dans leur développement. On remplit d'eau la claire et on ferme l'écluse, l'eau ne sera désormais renouvelée que deux fois par mois. C'est à ce long séjour dans une même eau que l'on attribue le verdissement de l'huître de Marennes. A partir de ce moment les amareilleurs doivent suivre d'un œil attentif tout ce qui se passe dans la claire, ils réparent les digues, élèvent le niveau de l'eau à l'approche des grands froids pour éviter la gelée, sortent les huîtres pour les laver dans le cas où une forte marée aurait amené des eaux vaseuses. Il faut donner pendant deux années ces soins à des huîtres âgées de 12 à 15 mois pour les faire grossir, engraisser et verdir suffisamment.

Cette *viridité* des huîtres, particulière à Marennes, ne se produit qu'en hiver, l'été elles redeviennent blanches ; bien mieux, l'huître qui serait déposée en été dans les claires ne verdirait jamais.

Marennes n'emploie pas uniquement les huîtres pêchées dans ses eaux, elle va en chercher par millions à Arcachon et en Bretagne; ses 5,700 dépôts, viviers ou claires couvrant 650 hectares, ont reçu 61,500,000 huîtres en 1890 : vendues, elles ont rapporté deux millions et demi de francs.

Ces chiffres ne concernent que l'huître indigène, notre bonne huître française. Une nouvelle venue, qui est un mollusque d'une race bien particulière, l'huître portugaise, donne également lieu à un grand trafic.

L'huître indigène se reproduit seule; chez l'huître portugaise, au contraire, il y a mâle et femelle. Jadis inconnue en France, mais très abondante dans le Tage, elle s'est prodigieusement développée chez nous par suite du naufrage d'un navire qui en était chargé. Très prolifique, l'huître portugaise est meilleur marché, comme finesse de goût elle est notablement inférieure à l'huître française. Marennes l'élève dans 10,000 claires, occupant 1,500 hectares, dans lesquelles sont entrées, en 1890, environ 38,500,000 huîtres importées de divers lieux de pêche et 3,500,000 pêchées sur un banc voisin. 42 millions d'huîtres ont été vendues pour une valeur de 360,000 fr. Ces chiffres semblent énormes, ils sont peu de chose auprès de la quantité d'huîtres portugaises vendues dans le quartier maritime de La Rochelle, qui a atteint 585 millions en 1890.

Mais l'huître portugaise n'est, pour Marennes, qu'un article courant ; l'huître de luxe, celle qui fait sa fortune, c'est l'huître verte. Jusqu'ici il semble que Marennes seule ait cette variété d'huître, elle la devrait à l'argile dont sont faites les claires. Celles-ci se rencontrent surtout aux bords de la Seudre, on ne les voit pas en se rendant au port d'embarquement pour l'île d'Oleron, car on traverse une péninsule moins vaste, mais d'aspect semblable à la péninsule d'Arvert ; mêmes vignobles luxuriants, mêmes vergers dont les arbres plient sous les fruits. C'est l'ancienne île de Marennes maintenant soudée à la grande terre, colline de forme ovalaire, aujourd'hui couverte d'habitations. Les hameaux sont nombreux et riants. L'un d'eux, Bourcefranc, simple dépendance de Marennes, est un véritable petit bourg à qui l'on a même donné bureau de poste et de télégraphe.

On passe au Chapus, on côtoie une petite baie vaseuse aux contours géométriques que la marée remplit en ce moment et l'on atteint la pointe du Chapus.

Ce cap, qui s'avance à la rencontre de la pointe d'Ors (île d'Oleron), est un des plus pittoresques de nos côtes. Non que la terre soit bien découpée et bordée de falaises, mais la présence du fort du Chapus, haut donjon octogonal, belliqueusement flanqué d'une tourelle en poivrière, donne un grand caractère au paysage. A marée basse, un chemin relie la forteresse à la terre ferme ; à marée haute, elle est complètement entourée et battue par les flots, comme le fort Boyard, dont la lourde masse noire apparaît au loin entre les îles d'Aix et d'Oleron.

Le Chapus possède un petit port abrité des vents du large par un môle qui fait face au château et par une jetée en mer. Le bateau à vapeur qui fait trois fois par jour la traversée du château d'Oleron à l'arrivée des trains, peut accoster à quai à haute mer.

Pendant que nous attendons le départ de ce vapeur pour pouvoir sortir à notre tour, nous contemplons les lignes harmonieuses de la côte oleronnaise. En face, si rapproché qu'il semble qu'on va le toucher de la main, le bourg de Saint-Trojan se détache en amphithéâtre sur le fond sombre de sa noire forêt de pins. Les maisons claires, blanches, roses ou jaunes, forment un gai contraste avec ce fond d'éternelle verdure.

Le tableau est d'un charme exquis. A l'autre

extrémité de la baie ouverte en face de nous, la citadelle du Château dresse ses remparts gris au pied desquels vient se briser la mer ; de la ville on n'aperçoit que la flèche mince de l'église.

Le détroit, en ce moment couvert par le flot, sillonné de navires et d'embarcations, est superbe. Au fond, l'on aperçoit nettement l'île Madame et le fort d'Enet, entre lesquels la Charente, large alors de cinq kilomètres, va rejoindre la mer. Puis, c'est l'île d'Aix, que l'on devine confusément, et le fort Boyard, noir au milieu de la mer bleue.

Le bateau à vapeur de l'île d'Oléron a largué ses amarres, l'hélice tourne et le petit navire se dirige sur le Château avec, sur son pont, toute une famille de saltimbanques, installée dans sa voiture. Le cheval cherche naïvement du gazon à bord, comme s'il était encore sur le plancher des vaches.

C'est notre tour. Un bateau nous attend dans lequel nous embarquons. Les voiles, des voiles rousses, sont tendues. Nous doublons le musoir du môle, et en avant ! Le vent est contraire. Par une bonne brise on fait en un quart d'heure les trois kilomètres qui séparent Saint-Trojan du continent. Mais il nous a fallu une grande heure de bordées pour gagner le petit port.

Traversée charmante, du reste, qui nous promène de bouée en bouée, de balise en balise sur toute cette rade où l'on ne voit qu'un étroit filet d'eau à marée basse.

Nous accostons enfin dans le bassin étroit où les embarcations de Saint-Trojan sont amarrées, au pied d'une jetée sur laquelle se promène un douanier mélancolique.

III

L'ILE D'OLERON

La naissance d'un archipel. — Saint-Trojan. — La dune et la forêt. — L'ostréiculture. — En route dans l'île. — Les marais salants. — La Provence en Saintonge. — Réservoirs à poissons. — La Chevalerie. — Ors. — Potences à loubines. — Le Château d'Oleron. — La Gaconnière. — Dolus. — Saint-Pierre. — Un géranium géant. — Boyardville.

Saint-Trojan.

L'île d'Oleron[1], contrairement aux autres terres insulaires de ces parages, est fort anciennement connue. Elle existait sous la domination romaine, tandis que l'île de Ré et l'île d'Aix faisaient encore partie du continent. La mer a rongé peu à peu le sol, des détroits se sont formés, une baie où se fait en grand l'élevage de l'huître portugaise a remplacé les campagnes où s'étendaient des villes populeuses.

---

1. On écrit souvent Oléron, mais les habitants de l'île et des régions voisines prononcent Oleron, nous nous sommes conformé à cette prononciation en écrivant le nom de l'île avec un *e* muet.

Toutes ces terres rougées ont été portées par le flot sur les côtes voisines sous la forme de vases, et ont comblé d'immenses baies telles que celles de Bonin, du Marais vendéen, d'Aiguillon, de la Charente et les détroits qui séparaient les îles de Marennes. Le travail se poursuit. Sur la partie de la côte d'Oleron où j'ai pris pied, vers Saint-Trojan, une terre ainsi apportée par les flots s'offre la première aux yeux du voyageur.

Ce sol bas cause une déception à qui a vu, du port du Chapus, le village en gradins de Saint-Trojan. La vision amphithéâtrale s'est évanouie.

Les maisons qui paraissaient si pittoresquement étagées sur le flanc des dunes, s'étalent prosaïquement le long d'une rue proprette bordée de demeures gaies à l'œil. Des perches à houblon garnies de pampres, de beaux jardins, des peupliers vigoureux bordent la route du Château. A notre passage, les habitants se mettent sur leurs portes pour voir les touristes qu'on prend pour des baigneurs. Curiosité toujours renaissante, car elle ne trouve pas encore beaucoup à s'exercer. Il y a à peine cent étrangers dans le bourg, et il est peu probable que le nombre augmente beaucoup. Nous ne nous en plaignons pas, Saint-Trojan avec la cohue des plages à la mode, avec la réglementation des toilettes, des bains, des distractions, ne serait plus Saint-Trojan.

Cependant, bien peu de lieux de rendez-vous ont plus d'attrait pour le touriste. Deux plages, l'une calme, sans vagues, sans bruit, fait face à la petite mer saintongeaise et au continent. L'autre, reliée à Saint-Trojan par une route forestière de deux kilomètres, est sur l'Océan ; là, des lames bruyantes s'agitent sans cesse, depuis l'entrée de Maumusson jusqu'à l'extrémité de l'île. C'est la « côte sauvage ».

La forêt est le charme de Saint-Trojan. A l'abri des pins qui couvrent les dunes, les fuchsias et les lauriers-roses croissent en pleine terre ; les jardins, bien que plantés dans le sable presque pur, sont d'une vigueur étonnante.

Les pinèdes sont jeunes encore, mais les fûts des pins sont déjà hauts, et leurs colonnades dans lesquelles l'air se joue, d'où l'on aperçoit la mer semée de voiles, sont d'un charme inexprimable. Au-dessous de Saint-Trojan, vers la pointe de Manson, la forêt finit au bord même de la plage faisant face aux hautes dunes du pays d'Arvert, dont les ondulations également couvertes de pins présentent des lignes harmonieuses.

Au fond de la petite baie du Bry, s'étend un

beau domaine où les cultures et les vignobles alternent. Les vignobles, sur ce point, sont magnifiques ; les ceps, plantés au fond d'un trou creusé dans le sable, sont couverts d'une quantité extraordinaire de fruits. Près de là s'ouvre le pertuis de Maumusson.

Au-dessus du bourg, sur la plus haute dune de la forêt, un *amer* en bois dans lequel on monte par une échelle décorée du nom ambitieux d'escalier est l'excursion la plus fréquentée. La dune s'élève à trente-deux mètres au-dessus de l'Océan ; de la plate-forme de l'amer on domine le pays de plus de quarante mètres. L'œil reconnaît une grande partie de l'île, fouille toute la forêt de Saint-Trojan, domine la rade et l'Océan.

C'est un des plus grandioses panoramas que je connaisse. L'île, verte, semée de plaques jaunes qui sont des chaumes, couverte de villes et de villages blancs, semée de petites buttes sur lesquelles les moulins à vent tournent sans cesse, paraît, vue de là, un petit monde à part.

La presqu'île d'Arvert se déroule presque entièrement au regard. L'embouchure de la Gironde, masquée par la pointe de la Coubre, ne se voit pas, mais la tour de Cordouan se distingue nettement. La large échappée de la Seudre s'ou-

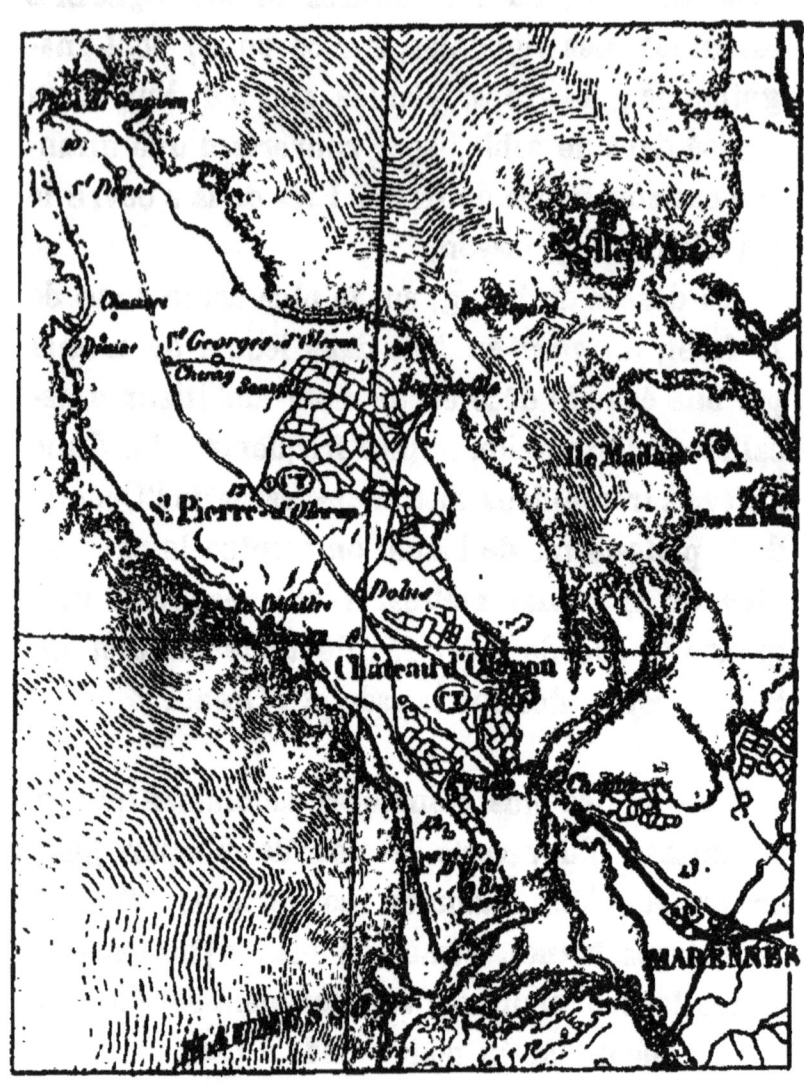

L'ÎLE D'OLÉRON.

D'après la carte de l'état-major au $\frac{1}{320,000}$.

vre en face de nous. Marennes paraît au premier plan. Puis c'est le fort du Chapus, assis au milieu des flots, l'île Madame, le fort d'Enet, l'île d'Aix et des côtes confuses, sur lesquelles on a peine à mettre un nom.

A marée basse, le panorama change. Toute cette vaste étendue d'eau étincelante a disparu, faisant place à une immensité de vase et de sables fauves, semée de jalons, de balises, de poteaux qui indiquent les limites des parcs à huîtres. Comme Arcachon, cette rade entière est un champ en exploitation réglée. Tout le fond de la mer est couvert de petits enclos entourés d'un mur de pierres ou de briques et dans lesquels sont parqués les succulents coquillages. Ainsi qu'à Marennes on va chercher le naissain à Arcachon et en Bretagne. Mais le système n'est pas le même. Les claires, dans l'île, ne couvrent guère que 39 hectares représentant 1,200 parcelles; on emploie de préférence le système d'Arcachon, c'est-à-dire le parc recouvert deux fois par jour par les marées. Ces parcs ou viviers sont au nombre de 2,530 couvrant 170 hectares. 56 millions d'huîtres sont entrées dans les établissements de l'île en 1890, 25 millions ont été livrées à d'autres parqueurs, notamment à Marennes, pour les verdir, car Oleron n'a livré directement à la consommation que cinq millions de ces mollusques.

Ceci pour l'huître indigène. L'huître portugaise a la prépondérance, il n'y a pas moins de 5,640 viviers couvrant 390 hectares. On y comptait à la fin de 1889, 229 millions de ces huîtres, dont 80 millions étaient nées sur les collecteurs de la mer oleronnaise et 15 millions avaient été pêchées au large sur des bancs. Jadis cette pêche était plus abondante à Oleron, mais depuis l'application du système de culture par les collecteurs, on recherche moins les bancs naturels, le bas prix de l'huître portugaise ne permettant pas toujours les frais nécessaires pour l'exploitation des bancs.

A Oleron, le travail des viviers est surtout fait par des femmes qui, les jambes nues, mais chaussées de solides semelles pour éviter de se couper les pieds aux écailles tranchantes, vont dans les parcs nettoyer les huîtres, les débarrasser des vases, des algues et des varechs apportés par le flot, enfin pour faire la cueillette. Ce travail est assez bien payé, 25 ou 30 sous pour les deux ou trois heures pendant lesquelles la mer s'étant retirée, on peut pénétrer dans les bassins.

Par ces cultures ostréicoles, par leur aspect général, Oleron et Ré, sa voisine, ressemblent fort à la côte qui leur fait face. Elles n'ont donc pas le caractère pittoresque des îles normandes, ni la sauvagerie d'Yeu et d'Ouessant, ni les beautés agrestes de Belle-Ile. Mais par leur prospérité, leurs campagnes fertiles, la population si dense qui s'y presse, elles n'en sont pas moins un des coins les plus curieux de la France, un petit monde à part que nous allons explorer.

Saint-Pierre d'Oleron.

Exploration est bien le mot, ce pays est encore à découvrir ; non seulement on ne trouve pas chez les libraires le moindre petit bouquin vous indiquant les choses à voir, mais encore les neuf dixièmes des Oleronnais ne connaissent pas leur île. La tour de Chassiron, située aux extrêmes limites nord, est pour nombre d'entre eux quelque chose d'aussi mystérieux que la Thulé de l'antiquité, cette Thulé qu'on a cru voir dans le petit archipel saintongeais.

Je suis donc parti pédestrement sans autre guide que ma carte d'état-major, cicerone muet mais précieux.

Au sortir de Saint-Trojan, la route longe la forêt, bordée du côté de celle-ci par de grands pins, de l'autre par des peupliers d'Italie d'une vigueur étonnante. Au pied des peupliers, une mince lisière de jardins luxuriants, clos de lauriers et de lauriers-tins, et de vignobles vient finir au bord même des marais salants.

Du remblai de la route, on découvre la vaste étendue des marais salants séparés par d'étroits talus de terre sur lesquels croît d'excellente orge. C'est que l'on ne perd pas un pouce de terrain ici, la moindre surface est mise en culture végétale ou animale. Pas un arbre dans cette plaine à demi liquide qui couvre quatre kilomètres en tous sens. Quelques touffes sombres de tamarix apparaissent seules le long des chenaux où le flot de marée monte pour alimenter les salines.

Du côté de la mer, les salines se prolongent, à marée basse, par une immense laisse de sables et de vases ; au nord, les remparts du Château forment une borne géante à la côte. Une longue ligne d'arbres courant dans l'intérieur du pays indique la grande route qui traverse l'île dans toute sa longueur. Des villages éblouissants de blancheur surgissent çà et là. Partout on voit tourner des ailes de moulins à vent.

A trois kilomètres de Saint-Trojan, on traverse le Petit-Village, agglomération d'une trentaine de maisons habitées par des sauniers, des pêcheurs et des cultivateurs. Les talus qui séparent les marais salants sont couverts de belles vignes chargées de grappes, de carrés de luzerne verte et épaisse, de champs de betteraves où les racines atteignent une grosseur inconnue sur le continent. Sur des aires étroites, les habitants battent le blé au fléau et tournent les tarares, d'où s'échappe au vent de mer un nuage de poussière blonde.

Les femmes ont des jupes rouges qui donnent à ce spectacle une couleur et une vie singulières. D'aucuns ont conservé les vieux usages : le dépiquage des grains se fait par des chevaux ou des baudets qui broient les épis sous leurs sabots ferrés, le vannage se fait avec des cribles d'où s'élève et où retombe le grain, pendant que la balle s'envole. Il y a là des attitudes et des jeux de lumière qui rappellent les scènes de la vie rustique dans le delta du Rhône. Un peu plus de limpidité dans l'atmosphère, et l'on se croirait en pleine Camargue.

Au delà du Petit-Village, quand on a dépassé les cultures, la route court entre les salines et les réservoirs à poissons. Bien plus que la Touvre, célèbre par ses richesses, ceux-ci sont *lardés* d'anguilles. Par milliers on voit les poissons étendus sur le fond des étangs. Des *meuilles*, poissons fort abondants et fort estimés (ce sont les mulets) par les habitants et par les marsouins, qui leur font une chasse acharnée, pullulent aussi dans ces étangs et dans les chenaux. Ces poissons nagent avec une telle rapidité qu'on a peine à suivre leur sillage.

Au milieu du marais, au pied d'une légère élévation de terrain, un petit bourg, la Chevalerie, aligne ses maisons blanches et les terrasses fleuries de ses jardinets; à moins d'un kilomètre, un autre bourg, très coquet, Ors, entouré de vignes à demi détruites par le phylloxéra, est fort gai. De belles maisons bordent ses rues. C'est là, près du petit port établi dans un chenal assez large, que vient atterrir le câble de la pointe du Chapus. Chaque maison d'Ors possède une sorte de haute et frêle potence à laquelle sont suspendus d'informes objets. Ce sont des morceaux de loubines, poissons que l'on fait sécher comme provisions.

Les marais salants ont recommencé; on les traverse jusqu'au Château. La petite ville apparaît peu à peu dans sa ceinture de remparts gris. Une masse sombre d'ormeaux verts, au milieu desquels surgit la mince tour d'un phare éblouissant de blancheur, indique l'esplanade qui sépare la ville de la citadelle.

Au pied des remparts, une route ombragée d'arbres, bordée d'une promenade pour les piétons, conduit au port. Une plaque indique que c'est la route départementale n° 7, de Saintes à Chassiron. C'est une fiction administrative, car cette route de Saintes finit bel et bien au Chapus. Un détroit de quatre kilomètres sépare en ce point l'île du continent. Mais les ponts et chaussées entretiennent de chaque côté jusqu'au niveau des plus basses mers un sentier pavé qui permet aux piétons de descendre s'embarquer dans la yole qui remplace le bateau à vapeur. Alors la traversée compte à peine un kilomètre entre l'île et le continent.

C'est à cause de cette section de route en partie sous-marine que l'administration considère comme sans lacunes sa route n° 7.

En réalité, cette route, dans la traversée de l'île, a pour origine le port du Château, composé d'un petit bassin à flot qui n'est qu'une des défenses de la citadelle puisqu'il remplit les fossés de la place, et d'un avant-port assez profond, où les vapeurs qui font le service entre le Château et le continent ont leur point d'attache. Trois services quotidiens correspondant avec les trains relient le port à la pointe du Chapus et au chemin de fer de Marennes. Grâce à la rapide arrivée du flot et à la profondeur relative du chenal, on a pu organiser ce triple voyage à des heures fixes, à une cinquantaine de minutes près. Le service postal se fait donc avec une régularité suffisante, si la mer est trop basse, la yole supplée au vapeur.

La ville du Château se présente fort aimable-

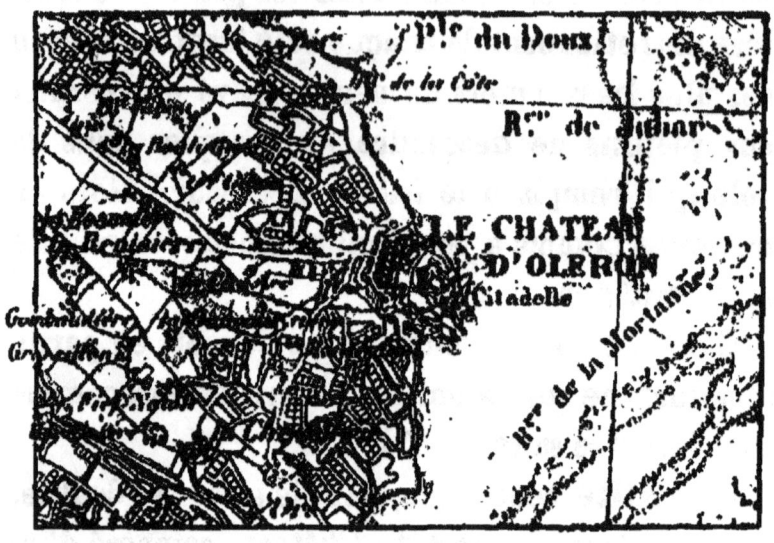

ENVIRONS DU CHATEAU D'OLERON.

D'après la carte de l'état-major au $\frac{1}{80,000}$.

ment : un beau jardin, le square du colonel de Lacarre semble souhaiter la bienvenue aux visiteurs. De petites rues étroites mais proprettes, alignées comme celles de Rochefort et comme elles coupées à angle droit, rayonnent autour d'une vaste esplanade que forment les glacis de la citadelle, vieil édifice guerrier, assez pittoresque, dans le caractère du dix-septième siècle comme le fort du Chapus et qui sert de dépôt à la compagnie de discipline de la marine.

Peu de monuments dans la petite ville, qui est d'origine toute récente, puisqu'elle a été achevée au milieu du siècle dernier. Les services militaires s'y sont taillés la part du lion. Le génie militaire se dissimule dans un grand jardin vert.

Sur la place, une grande et belle place un peu trop déserte, une très jolie fontaine dans le goût de la Renaissance, des halles spacieuses et des échappées d'horizon vers la mer. L'église n'a pas grand caractère; elle aussi date de Louis XIII, sauf son élégante flèche moderne en pierre. Et voilà le Château d'Oleron, je n'y ai pas vu autre chose, car le fouet du courrier claque; c'est l'instant de monter sur la voiture qui fait le service de Saint-Pierre.

On sort du Château par une jolie route plantée de grands arbres, courant à travers une belle campagne, légèrement ondulée, couverte de champs de maïs et de vignobles sur lesquels le phylloxéra a commencé à sévir. Le Château est une des communes sur lesquelles le fléau s'est le plus acharné; jadis, toute sa banlieue n'était qu'un tapis vert de vignes.

On traverse ou l'on côtoie de petits villages aux maisons soigneusement blanchies. Avec les toits bas de leurs maisonnettes à un simple rez-de-chaussée et leurs alignements corrects, ces villages rappellent, à s'y méprendre, les villages que nous avons créés dans notre colonie algérienne. La Gaconnière, le plus grand de tous, pourrait faire illusion.

La route est séparée par une zone cultivée de quatre à cinq cents mètres, d'une ligne de marais salants s'étendant jusqu'à l'entrée de Dolus, gros bourg cossu, chef-lieu d'une des communes de l'île. Rien de bien curieux à signaler. L'église n'a de remarquable que sa haute flèche dominant le paysage. De beaux jardins fruitiers et des carrés d'asperges forment une ceinture verdoyante au bourg, que nous traversons rapidement.

Au delà de Dolus, la plaine s'exhausse insensiblement, et le pays change d'aspect. Il y a des taillis de chênes et des petites garennes pleines d'ajoncs. Quelques-unes de ces bois seraient même assez étendus pour s'appeler forêts s'ils avaient des arbres au lieu d'avoir des taillis. C'est tout ce qui reste des forêts qui, au temps de Louis XIII encore, couvraient une partie de l'île, et que la culture de la vigne a fait disparaître.

Une pluie fine vient un moment intercepter la vue du paysage. Cependant, les nuages se dissipent et, sous les chauds rayons du soleil, nous voyons se profiler sur le ciel les tours de Saint-Pierre, un frêle obélisque et les ondulations régulières des dunes des Saumonards.

Il y a encore de beaux villages sur la route : La Prousière, fort animé ; Arceau, situé assez loin, et qui semble une petite ville. Puis nous quittons la grande route pour nous engager dans Bel-Air, un riant faubourg de la petite métropole insulaire.

Saint-Pierre est bien la capitale ; c'est la plus grosse ville du pays d'Oleron ; elle est située au centre de l'île, à proximité de la Perrotine, port principal d'Oleron, celui qui est accessible aux plus forts navires, et de la petite rade de la Cotinière, seul point de la Côte-Sauvage où des embarcations viennent aborder.

L'aspect de Saint-Pierre est riant. Les maisons sont coquettes, l'abord en est fleuri ; il y a, contre l'une d'elles, un géranium comme on en voit peu sous nos climats ; il atteint une hauteur de près de trois mètres et tapisse de ses fleurs d'un rouge vif et de son feuillage d'un vert velouté, la façade contre laquelle il est adossé.

A l'entrée de la ville est une vaste place couverte d'un gazon épais, entourée d'une double rangée d'ormeaux, sous laquelle court une promenade soigneusement entretenue. C'est la place Gambetta. Partout ici on retrouve le nom de l'illustre tribun.

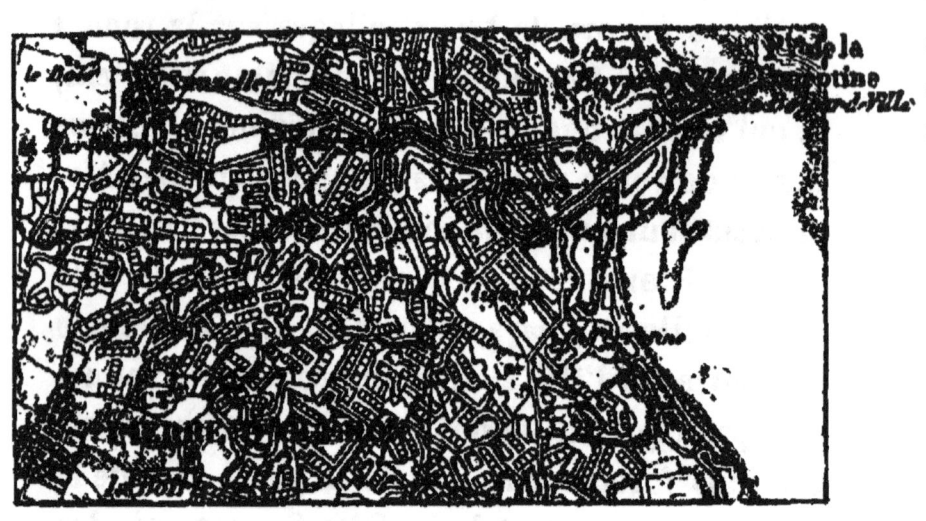

ENVIRONS DE SAINT-PIERRE.

D'après la carte de l'état major au $\frac{1}{80,000}$.

L'église est dans ce déplorable style jésuite qui caractérise le temps de Richelieu et de Mazarin. Mais le joyau de Saint-Pierre, une lanterne des morts admirablement conservée, est un pur bijou. Jadis placée au milieu d'un cimetière, elle se trouve maintenant dans un square rempli de fleurs. C'est un obélisque gothique, haut de 20 mètres, bien supérieur par ses détails, sa grâce et son élégance aux édicules semblables qu'on rencontre si fréquemment dans les Charentes, le Poitou et le Limousin.

A la sortie de la ville, vers Saint-Georges, une belle avenue d'ormeaux conduit à la grande route; on passe devant l'hôtel de ville, édifice fort simple enduit d'un badigeon éblouissant, et l'on atteint de nouveau la campagne.

A partir d'ici, la vigne reprend peu à peu son domaine. Le phylloxéra n'a fait que des invasions partielles. Nous retrouvons parfois la campagne d'Oleron, telle qu'elle était avant le terrible insecte.

On perd encore une fois de vue les marais salants. Ceux qui entourent Saint-Pierre sont de beaucoup les plus importants de l'île. Ils s'étendent des dunes de la Brande jusqu'au nord de Sauzelle, sur plus de neuf kilomètres et ont en largeur près de cinq kilomètres. C'est plus de la moitié de la surface occupée par les salines de l'île.

Ce pays a été fort éprouvé. En même temps que ses vignes dépérissaient, ses salins, frappés par plusieurs étés pluvieux, donnaient une quantité de sel bien inférieure à celle que l'on était habitué à recueillir. En outre, les salins du Midi, favorisés presque sans interruption durant de longs mois par un soleil de feu, leur font une concurrence redoutable. D'autre part, les salines de l'Est, Lons-le-Saunier, Salins et Meurthe-et-Moselle livrent des sels très purs à des prix fort bas. Il en est résulté une situation assez pénible pour les sauniers de la Charente-Inférieure. Cependant, les salins sont encore une source importante de revenus pour Oleron, comme pour Ré, sa voisine. La production des sels à Oleron atteint, année commune, 10,000 tonnes donnant un revenu de 100,000 fr.

Ce pays ne se plaint pas autant des maux causés par la nature, que d'une mesure imposée, il est vrai, par les intérêts suprêmes de la défense nationale : la suppression de l'école des torpilleurs de Boyardville.

On était très fier de posséder cette école ; en outre elle attirait dans l'île un certain mouvement : il y avait à Boyardville des officiers et des marins nombreux, dont la présence était une ressource pour les producteurs. En décidant le transfert de l'école en rade d'Hyères, on a détruit tout cela.

Désormais, Boyardville, qui eut un moment de célébrité, va redevenir obscur. Ce ne sera plus qu'un petit port où, une fois par jour, à la marée, viendront accoster les vapeurs de La Rochelle pour charger les produits de l'île [1].

LE NORD DE L'ILE D'OLERON.

La propriété dans l'île. — Population surabondante. — Les cultures. — Les héritages. — Les centres de population. — Les routes. — Sauzelle. — Chéray. — Saint-Georges. — La récolte des varechs. — La Brée. — Saint-Denis. — La tour de Chassiron. — Du haut du phare.

Phare de Chassiron.

Donc, au sortir de Saint-Pierre, on est ou plutôt l'on était, avant que le phylloxéra ait étendu ses ravages, en pleins vignobles, entrecoupés, il est vrai, par de petits champs de blé ou de luzerne. Petits est bien le mot, il n'y a aucun pays, sauf l'île de Ré et les îles bretonnes, où la propriété

---

1. Le port de Boyardville a reçu en 1893 773 navires jaugeant 20,371 tonnes et en a expédié 818 jaugeant 19,306 tonnes. Le Château d'Oleron a reçu, à l'entrée, 1,439 navires et 34,601 tonnes, à la sortie il a eu 1,481 navires et 40,303 tonnes. Les autres ports de l'île, Nieulle, Lusac, Saint-Martin-du-Gua et Saint-Denis, n'ont eu qu'un faible trafic.

soit plus morcelée et où les lots de terre soient plus exigus.

Cela tient à beaucoup de causes, d'abord à la forte population de ce coin de terre. L'île n'a que 15,000 hectares de superficie, dont près d'un tiers est occupé par les dunes, les salines et les étangs à poissons. Il reste donc 10,000 hectares, sur lesquels sont fixés près de 18,000 habitants. Ce n'est pas loin de 2 habitants par hectare, soit 200 par kilomètre carré ; or, dans un département voisin, la Charente, la population n'atteint que 63 habitants pour une étendue semblable ; en France, la moyenne est de 69. L'île de Ré est plus peuplée encore, puisque c'est à près de 300 habitants par kilomètre carré qu'on évalue la population de l'île, dunes et salines n'étant pas comptées.

Cette population surabondante pour un pays sans industrie, sans usine d'aucune sorte, a forcé les habitants à tirer de leur sol tout ce que celui-ci peut donner. Nulle part, même dans nos riches départements du nord, je n'ai vu la terre plus fouillée, plus travaillée. Mais nulle part aussi et cela se conçoit, la propriété n'est plus divisée.

A cet excès de population, vient s'ajouter une autre cause plus singulière, le morcellement volontaire des héritages. Ici, quand un bien est à partager, on ne répartit pas par le sort ou par accord commun les lots entre les héritiers, chaque parcelle est divisée en autant de lots qu'il y a d'héritiers. Ainsi une vigne qui a 300 ceps et qui revient à cinq frères ou sœurs, est divisée en lots de 60 pieds de vigne chacun. De même pour les champs de culture. On arrive ainsi à faire des lopins de terre exigus qui, sauf deux ou trois belles propriétés, font de toute l'île un immense damier de champs et de vignes de faible étendue, répartis entre des milliers de propriétaires.

C'est ce qui donne à l'île son caractère pittoresque, malgré l'absence d'arbres, malgré l'horizontalité du sol ; tous ces petits coins de verdure différente charment et attirent l'œil.

Les moulins à vent, fort nombreux et soigneusement blanchis, sont un autre caractère du paysage, ils l'animent et l'égaient.

Mais on est frappé surtout par le nombre des villages et des hameaux. On peut dire qu'il n'y a pas un kilomètre de terrain sans un groupe de maisons blanches, entourées de jardins, apparaissant au regard. Nombre de ces villages sont plus peuplés que la plupart des communes rurales du continent, tels sont le Grand-Village et le Trillou, dans la commune de Saint-Trojan ; Ors, la Chevalerie et la Gaconnière, dans celle de Saint-Pierre ; les Allards, dans la commune de Dolus ;

la Biroire, la Menonière, le Chef-Maillière, la Cotinière, Arceau, dans celle de Saint-Pierre ; Boyardville, Sauzelle, Chéray, Domino, Chaucre, la Brée, à Saint-Georges ; enfin Chassiron, près de Saint-Denis.

Ce groupement en commune unique de plusieurs villages importants a permis aux municipalités de faire de beaux travaux ; les routes et les chemins sont nombreux et bien entretenus. Quand une route ferrée ininterrompue longera à l'intérieur les dunes de la côte sauvage, de Chassiron à Saint-Trojan, et permettra ainsi de visiter facilement la partie la plus pittoresque du pays, le réseau vicinal de l'île sera complet.

A ce tableau il y a une ombre. Ces gros villages, souvent fort éloignés du chef-lieu de la commune, n'ont pas d'école. Il faut envoyer les enfants au bourg central ; c'est un mal dont souffrent vivement les habitants.

Au delà de Saint-Pierre, le sol s'élève légèrement ; près d'un hameau nommé Saint-Gilles, on atteint le point culminant de l'intérieur, onze mètres au-dessus de la mer. Ce n'est pas précisément une colline, cela n'empêche pas les rares écrivains qui ont parlé de l'île d'Oleron, de dire Saint-Pierre dans une « belle vallée ».

Mais, si peu sensible que soit cette ligne de hauteurs au nord de Saint-Pierre, elle n'en rompt pas moins l'uniformité du pays et offre au touriste la surprise de voir se dérouler peu à peu devant lui, par plans successifs, les diverses régions de l'île.

A Saint-Gilles, on ne voit déjà plus de Saint-Pierre que ses deux tours et la lanterne des morts. Par contre on distingue nettement le gros village de Sauzelle, où résident 800 habitants, et les deux villages jumeaux de Chéray et de Saint-Georges, le premier plus peuplé, le second chef-lieu de la commune. On descend à Chéray par un territoire semé de vignobles et d'innombrables moulins à vent. A droite, au loin, les hautes dunes boisées des Saumonards forment un décor sévère.

Les moulins se multiplient. Les noms de lieux s'en ressentent. A droite, les Quatre-Moulins, à gauche, les Deux-Moulins, en avant, le Moulin-de-Bourgneuf ; puis on pénètre dans Chéray, gros bourg propre et riche. Une belle avenue bordée de maisons, de jardins et de vignes l'unit à Saint-Georges, chef-lieu de la commune la plus peuplée de l'île, une façon de petite ville qui possède des halles, une jolie place et surtout une église romano-ogivale, maladroitement restaurée, mais cependant remarquable. La façade surtout est curieuse.

La campagne de Saint-Georges est très belle, bien cultivée et fort productive, grâce à l'abondance du sart — c'est-à-dire du varech et du goémon — recueilli sur les immenses rochers plats qui bordent les côtes du nord de l'île, vers le banc des Boulassiers.

Les varechs sont une source de profits pour l'île. Ils permettent aux cultivateurs de suppléer à l'absence d'engrais de ferme, que le petit nombre de têtes de bétail ne permet pas de faire en quantité suffisante. La mer est une pourvoyeuse inépuisable. Le varech arraché repousse aussitôt. Les prairies marines sont immenses, la seule commune de Saint-Georges a sur la mer intérieure une étendue de roches à varech de cinq kilomètres en longueur et deux en largeur. Sur la grande mer, les bancs ont plus de six kilomètres sur 1,000 à 1,500 mètres de largeur. Pour l'île entière, on peut évaluer à plus de 40 kilomètres la longueur des bancs, ce qui, à 1,500 mètres de largeur moyenne, représente environ 600 hectares.

Le varech cueilli sur les rochers est porté à dos d'homme ou sur des ânes jusque sur la côte, d'où il est réparti entre les terres pour servir d'engrais.

Celui-ci n'a qu'un défaut, il donne à toute l'île un parfum *sui generis* et laisse même son goût au vin, bien que les vignes n'en reçoivent pas, me dit-on ; mais les terres en sont saturées depuis si longtemps, qu'elles ont acquis et conservé un goût spécial, dont les raisins sont imprégnés.

On n'utilise pas seulement ces plantes marines comme engrais, elles ont aussi un grand rôle dans l'industrie : ces sortes de copeaux bruns qui servent à emballer les objets fragiles et à faire des matelas, sont du varech ; le sirop de groseille à bas prix du commerce, certaines gelées ou confitures à prix réduits, ont pour base un varech blanc et gélatineux, parfois teinté de rose. Enfin dans beaucoup de pays — mais non à Oleron — on en tire de la soude.

A partir de Saint-Georges, on entre complètement dans le pays des vignes. Sur ce point, le phylloxéra avait encore fait peu de ravages, tout le nord de l'île était resté un immense plateau vert.

Quand on a rejoint, vers Chéray, la route départementale, on voit celle-ci s'allonger, absolument droite, pendant sept kilomètres. Il y a là un joli bout de ruban, un peu dur à franchir par le grand soleil. Et toujours le même paysage, des vignes, des vignes encore, et toujours des vignes.

Un instant, on descend lentement vers une dépression assez vaste, prolongement des marais salants du Douhet, alimentés par les eaux du chenal qui forme un petit port dans les rochers des Boulassiers ; un peu plus loin, une autre dépression, à gauche cette fois, mais bien moins étendue, renferme aussi des marais salants dont l'eau vient de la grande côte. Les sauniers habitent deux hameaux voisins de la route : la Michelière et la Bétaudière.

A droite, un grand village maritime, la Brée, bâti sur de hautes dunes, domine la plage des Boulassiers et le pertuis d'Antioche. La Brée est un des grands centres de l'exploitation du varech ; le village dépend de la commune de Saint-Georges, il compte près de 600 habitants.

Le sol s'élève peu à peu ; au moulin des Menonnières, on atteint 10 mètres d'altitude ; c'est la hauteur de tout le plateau qui forme la pointe nord de l'île.

Voici Saint-Denis, gros bourg à l'aspect riche et prospère. Une belle église du milieu du xvi° siècle orne sa place publique. Un port fermé par une jetée que l'on doit incessamment réparer et prolonger, est établi sur les rochers. A marée basse, c'est un champ de varech.

Du port on aperçoit distinctement l'île de Ré, dont on est séparé par les douze kilomètres du pertuis d'Antioche, le fort Boyard, sombre sur son rocher, et l'île d'Aix, située à trois lieues de là comme l'île de Ré.

La grande curiosité de Saint-Denis est le phare de Chassiron. La route, décrivant une grande courbe pour se rapprocher de la mer, se développe, pendant trois kilomètres, au milieu des plus beaux vignobles que l'on puisse voir. Les ponts et chaussées l'ont plantée de poteaux supportant des écriteaux qui interdisent de déposer du *sart* sur les bords de la route. Les poteaux ont du sart à leur pied. Les défenses de ce genre sont faites pour être violées. Au fond, le crime n'est pas grand ; la raison donnée est que l'on gênerait la circulation des voitures, la plaisanterie est un peu forte, la circulation des voitures sur ce promontoire n'est pas précisément très grande et consiste surtout en transport de sart.

Du reste, la route est large, fort large, elle se prêterait merveilleusement à l'établissement d'un chemin de fer sur route, comme on en a établi plusieurs en France. Ni pentes, ni travaux d'art. Simplement des rails à poser sur du ballast, que le pays fournit abondamment. Pour 30,000 à 35,000 fr. par kilomètre, on aurait un chemin de fer traversant l'île du nord au sud, depuis Saint-Trojan jusqu'à Chassiron, par le Château, Dolus, Saint-Pierre, Chéray, Saint-Georges et Saint-Denis. Un embranchement de Saint-Pierre et Sauzelle à Boyardville compléterait le réseau.

On avait projeté jadis un chemin de fer ordinaire dans l'île ; par un tunnel sous le détroit il aurait relié le phare de Chassiron au grand réseau. Ce projet ne se réalisera probablement jamais, aussi en viendra-t-on sans doute au tramway à vapeur, grâce auquel les bois des forêts de Saint-Trojan et des forêts d'Arvert pourraient être amenés à peu de frais dans le nord de l'île, qui est privé de combustible ; le nord, à son tour, enverrait à Dolus, au Château et à Saint-Trojan, son varech si précieux pour l'agriculture, et la pierre et la chaux que fournissent abondamment les rochers plats de la côte sauvage et des Boulassiers.

Alors, mais alors seulement, les ponts et chaussées pourront défendre avec quelque raison de déposer du *sart* sur la route, le sart pourrait causer des déraillements.

Le phare de Chassiron est précédé d'une avenue formée d'une double haie de frênes et de tamarix. C'est une belle colonne, haute de trente mètres, soigneusement blanchie, émergeant d'un bâtiment circulaire qui sert de logement aux trois gardiens et à leur famille. Près de là, une tour ronde renferme les appareils sémaphoriques et télégraphiques. On ne va pas à Chassiron sans monter au sommet du phare, c'est même le but de l'excursion. Quand on a fait nombre de kilomètres par la route, sans ombre, l'ascension dans ce haut fût, frais et sombre, produit une singulière impression.

Du haut de la lanterne, entretenue avec cette propreté exquise qui est l'orgueil des marins en général et des gardiens de phares en particulier, on découvre un horizon merveilleux. Il est peu de paysages plus variés, plus vastes et plus mouvementés à la fois que celui-là. De ce belvédère, l'œil est surtout attiré par le rocher d'Antioche, grand écueil assiégé par la mer furieuse, sur lequel une balise en fer, peinte en rouge, semble une proie tout indiquée pour l'Océan. Quand on a fini par détacher ses yeux de la masse noire cerclée d'écume, on reconnaît, au second plan, l'île de Ré presque entière, avec la ligne blanche de ses dunes de la Côte-Sauvage, ses vignes vertes, et les nombreux villages qui la couvrent.

Voici dans l'île, Rivedoux, Sainte-Marie-de-

Ré, le Bois, la Couarde, des villes, des bourgs, des villages, des hameaux, et, au loin, la côte qui se perd dans les brumes.

Puis, de l'autre côté, le continent avec ses bordures de dunes et de falaises ; La Rochelle, dont on distingue nettement les tours et les remparts ; l'Ile d'Aix, mince îlot noyé dans la mer ; le fort Boyard ; les falaises de Montmélian et de Chatelaillon.

Plus près de nous, une grande partie d'Oleron apparaît aux regards ; la tour de l'église de Saint-Pierre limite l'horizon de ce côté. Les dunes boisées des Saumonards tranchent vigoureusement sur la vague étendue des marais salants et sur le bleu sombre des flots de l'anse de la Malconche. Saint-Denis étale ses maisons blanches au milieu de son vignoble. A perte de vue, entre les deux mers, s'étendait jadis le tapis vert des vignobles. Rien ne donnait plus l'idée de l'opulence que ce spectacle d'une vaste région où les grappes abondent et où le vigneron prépare avec espérance son pressoir et ses cuviers.

De l'autre côté s'étend, dans toute sa splendeur, le vieil Océan, immense, sans borne, semé de voiles et sillonné par les noires traînées de fumée des paquebots. Les vagues, larges et profondes, viennent se briser contre le banc d'immenses rochers plats qui bordent la côte. Malgré les îles, le continent, le pittoresque et la variété des aspects de la petite mer d'Aunis et de Saintonge, c'est encore l'Océan, dans sa solitude majestueuse et ses horizons sans fin, qui s'impose aux regards.

LA CÔTE SAUVAGE D'OLÉRON.

Les rochers plats. — Prairies marines. — Les pêcheries. — Sabre de pêcheur. — La mer pendant l'hiver. — Dans le sable. — Chaucre. — Domino. — L'Illeau-de-la-Grand'Côte. Le Rocher-Vert. — La Cotinière. — L'auberge de Tantale. — La pêche à la sardine. — Le bois d'Avail.

Saint-Trojan.

La pointe de Chassiron est formée par une falaise de calcaires effrités qui se dresse au-dessus des vastes étendues de rochers plats, découvrant à marée basse; un étroit chemin court au bord de l'abîme, bordé, du côté opposé, par des champs et des vignes. La physionomie de ces roches plates est singulière et sauvage, même par les temps calmes. C'est un vaste plateau irrégulier couvert d'une véritable prairie de varech, d'un vert presque noir. Les roches striées forment des myriades d'îlots ; les creux ont conservé l'eau claire des marées.

Ce plateau, lugubre d'aspect, est en coupe réglée. Non seulement on y récolte régulièrement les plantes marines, mais encore on a divisé ces roches en enclos immenses, ceints de murs cyclopéens en pierres sèches, contre lesquels vient d'abord se briser le flot montant. Certaines de ces « écluses à poisson » ont plusieurs hectares d'étendue. Ces longues levées, couvertes d'herbes et percées de créneaux vers la mer, n'ont pas comme raison d'être le partage des varechs, — ce sont les limites des pêcheries.

Quand la mer se retire, elle laisse toujours des poissons plus ou moins nombreux, plus ou moins gros, selon que le creux est plus ou moins vaste et profond. De cette observation, à faire des creux naturels, il n'y a qu'un pas. Partout on a établi des pêcheries conçues d'après ce simple raisonnement ; mais nulle part on n'a fait aussi grand qu'en Oleron.

Donc le flot monte, il remplit ces cavités, dont les murs, du côté de la mer, ont plus de deux mètres de hauteur. Le poisson arrive avec le flot, entre dans ces bassins, où il trouve parmi les varechs une abondante nourriture animale ou végétale. Quand la mer baisse, l'eau est encore assez profonde dans l'enclos ; le poisson, la nuit surtout, ne songe pas encore à fuir, mais bientôt il veut reprendre le chemin de la mer, il est trop tard, l'enclos se trouve presque vide et il ne reste d'eau que dans le fossé intérieur, tout contre la muraille ; là se réfugient les meuilles ou mulets, anguilles, chiens de mer, loubines, soles, raies, etc.

Le pêcheur n'a qu'à venir. Armé d'une sorte de petit sabre, il frappe sur les poissons et les ramasse. Après les grandes marées, les grandes malines, comme on dit ici, des pêcheurs se sont vus en possession de plusieurs milliers de poissons, pris par ce procédé simple et facile. La nuit surtout on se livre à cette pêche. A la lueur de torches qui fascinent les poissons, on parcourt les *écluses* et l'on fait parfois ces pêches miraculeuses, qui laissent bien loin derrière elles les fameuses pêches du lac de Tibériade.

Ces pêcheries n'appartiennent pas aux marins, inscrits maritimes, mais bien à des cultivateurs ou propriétaires qui veulent se donner le plaisir de la pêche. Aussi paient-ils une redevance à l'État. C'est sous forme d'association que sont constitués les groupes de fermiers de la pêche. Chacun de ces enclos est entre les mains de cinq à six personnes seulement. La société doit entretenir les murs en bon état, les réparer à ses frais, si quelque coup de mer les démolit partiellement comme cela a souvent lieu. L'organisation des pêcheries est des plus simples. En général chacun des associés a droit à une semaine de pêche et l'ordre suit, déterminé à l'avance ; tant mieux pour celui à qui échoit la pêche un jour de haute marée, c'est-à-dire un jour de pêche fructueuse, tant pis pour celui qui a une journée de mer peu productive.

Il ne faudrait pas croire que c'est là une cause de grande destruction de poissons. Les pêches abondantes sont plutôt rares et, depuis quelques années, dit-on, les poissons se méfient des écluses de la Grand'Côte.

Voilà ce qu'on apprend en parcourant les falaises de Chassiron et en causant avec les récolteurs de varechs et les belles Oleronnaises aux jambes nues, qui font brouter aux petites vaches jaunes, au poil luisant, l'herbe courte et parfumée du bord des chemins. Mais cette vue des réservoirs à poisson, ces aspects bizarres des grands rochers, ces brins de causette ébauchés en passant, ne sont possibles que pendant les beaux jours d'été. D'octobre en avril, le spectacle devient effrayant. Les grandes lames du large viennent, en hurlant, se briser sur les roches, écumer sur la falaise. Ces lames sont si violentes qu'en certains points les galets rejetés par la mer forment un retroussis de près d'un mètre de haut. Et cependant la falaise sur laquelle sont lancés les galets a trente pieds d'élévation.

Rien ne saurait rendre la sublime horreur de cette scène. L'île tout entière semble ébranlée sur sa base, — et Maumusson est plus terrible encore !

La côte du nord-ouest est bordée de rochers plats pendant près de quatre kilomètres, puis les dunes recommencent à hauteur d'un chenal appelé le Douhet, comme l'étier de la côte orientale. Ce chenal, creusé de main d'homme, est très profond et fort étroit ; il sert à alimenter quelques marais salants et à écouler les eaux douces — les « doucins », comme on dit dans l'île — suintant des dunes.

Le sentier chemine au pied des monticules, à travers de beaux vignobles. C'est une simple piste tracée dans le sable pur qui s'enfonce sous les pieds. Rien de plus fatigant que cette course, évitée soigneusement par les gens du pays, lesquels préfèrent le détour par l'artère centrale.

Toute cette partie de la côte est presque inhabitée, on y rencontre à peine quelques fermes dont les noms expressifs indiquent bien la solitude : la Garenne, le Cheneau, la Seulière. Cependant, le pays est fort bien cultivé et contraste par l'état luxuriant des terres et des vignes avec l'aridité des petites dunes couvertes d'immortelles aux fortes senteurs. Ces dunes se transforment bientôt. Un bois de pins courbés par l'âpre vent de mer, en recouvre une partie. Au sortir de ce bois, un gros hameau apparaît, ses toits rouges et ses blanches murailles dorés par le soleil couchant. C'est l'abri que l'on m'a promis à Chassiron. Il y a là, m'a-t-on dit, une auberge où l'on est bien reçu et, le matin même, deux touristes sont passés avant moi, allant chercher asile dans ce village, qui a nom Chaucre. Il est temps ; la course dans les sables derrière les dunes, où toutes les ardeurs du soleil semblent s'être concentrées, m'a exténué. Et d'avance, je songe aux délices de Chaucre.

Enfin m'y voilà. L'auberge, la bienheureuse auberge est devant moi, avec ses volets peints en gris. J'entre : une vieille femme à figure de fée me reçoit et me promet tout ce que je lui demande, mais elle me renvoie à sa petite-fille, une jeunesse de quatorze ans, celle-ci me dévisage et d'un air sec, me répond :

— Nous ne donnons ici ni à boire ni à manger.
— Et à coucher ?

— Nous ne donnons pas à coucher non plus.

Singulière auberge!

Et pas d'autre dans tout le village. Un vigneron complaisant m'assure qu'à 1,200 mètres de là est un autre hameau où les auberges foisonnent. Je le regarde d'un air soupçonneux, mais le nom me décide.

Ce village s'appelle Domino. Le moyen de ne pas croire à l'hospitalité d'un pareil endroit! Je fais les 1,200 mètres, le chemin, cette fois, est bon, la route est bien ferrée, les vignes qui la bordent sont splendides. Des caravanes d'ânes chargés de varechs reviennent de la côte. Tout cela inspire confiance.

Oui, il y a des auberges à Domino, mais la plupart n'ouvrent que le dimanche; les propriétaires sont aux champs ou à la côte. Une seule a quelqu'un, mais on n'a rien à manger; on ne sert pas de vin, il n'y a que de la bière.

— Donnez-moi de la bière.

Et l'hôtesse, tout heureuse de voir arriver ce consommateur inattendu, va puiser dans la caisse à bière.

Hélas! plus une seule bouteille!

On fouille, et l'on trouve encore un fond d'orgeat dans un flacon.

Et voilà pourquoi, harassé par cette course dans

les sables et sur la côte, j'ai dû me résigner à rentrer dans l'intérieur de l'île, à Chéray, où l'on peut au moins trouver un abri relativement confortable.

Domino est le village des beaux figuiers, quelques-uns couvrent à la fois le toit de la maison et la cour. A leur ombre, les ménagères vaquent au ménage, les enfants se roulent et le père raccommode ses filets. Il y a là, sous ce demi-jour fluide, des petits croquis délicieux.

La campagne entre Domino et Chéray est fort belle ; l'eau douce y sort du sol et forme un petit ruisseau qui a permis d'établir quelques prairies naturelles et de faire la culture maraîchère sur ses bords. J'y vois même utiliser un système bien primitif d'arrosage. Des paniers en bois dont on se sert dans les Charentes pour les usages domestiques sont transformés en seau et l'on répand l'eau sur les légumes par l'un des coins de ce récipient.

A Chéray nous retrouvons un peu d'activité. Le bourg est très vivant, l'auberge rappelle les hôtelleries classiques du temps des diligences. A table d'hôte, voyageurs de commerce et colporteurs rééditent de réjouissants calembours et font assaut de coq-à-l'âne. On se croirait à soixante ans en arrière.

J'ai repris ma route au point du jour ; le soleil s'était levé à travers un voile épais de vapeurs venues de la mer, roulant silencieusement sur le paysage. Une brise d'ouest l'a dissipé comme par un coup de baguette, et la campagne riante m'est apparue, bordée par les dunes boisées de Domino. La route que je suivais conduit à un petit village, l'Illeau-de-la-Grand'Côte, situé à quatre kilomètres de Chéray ; c'est un chemin macadamisé desservant de belles fermes blanches entourées de grands arbres, d'amandiers surtout. La Giboire est la plus belle de ces habitations.

C'est dimanche ; sans cesse je croise des gens se rendant à la messe à Saint-Georges. Les églises ne sont pas moins rares que les écoles dans l'île. Il n'y a de paroisses qu'aux cinq chefs-lieux de communes. Les pêcheurs de la côte sont donc obligés à de grandes excursions dominicales pour aller à la messe — et au cabaret.

L'Illeau-de-la-Grand'Côte est un hameau de 30 à 40 feux, assis au milieu de belles vignes, et tout proche de dunes couvertes d'immortelles et de fenouil. Ces dunes font face à l'une des pointes de rochers bas, les plus avancés en mer. Le Rocher-Vert s'étend jusqu'à 1,800 mètres de la côte. Il est couvert de pêcheries. Au pied des dunes, d'étroites plages de sable se suivent, mais un sable grossier et friable, cédant sous le pied et rendant la marche fort difficile, si difficile qu'on préfère suivre les rochers sur les varechs glissants. Si le voyage n'a rien de bien commode, on est intéressé et amusé par tout ce qu'on voit au passage. Dans les réservoirs placés au creux des rochers, la mer a laissé tout un monde de petits animaux marins dont les crabes et les chalassants, poissons semblables au goujon, sont les géants. Petites crevettes transparentes, coquillages nacrés vont et viennent dans ces lacs en miniature, jusqu'au moment où les pêcheurs viendront troubler leurs ébats.

De l'Illeau à la Cotinière, il y a quatre kilomètres de ce chemin un peu trop accidenté. Mais on a la vue de l'Océan sans fin, dont les lames hautes et blanches viennent se briser en volutes d'écume sur les rochers sombres. De l'intérieur de l'île, on ne voit rien, l'étroite lisière des dunes cache les villages qui s'abritent derrière elle et dont plusieurs sont assez importants, tels sont : la Menonnière, la Biroire et la Chef-Maillère.

Le plus important de ces centres de population est la Cotinière : il possède plus de 500 habitants. C'est un beau bourg où l'on trouve quelques ressources, mais où les cafés, ouverts de bonne heure, n'ont personne chez eux. J'entends personne, pas même les maîtres de l'établissement, cela rend fort triste le sort du malheureux, qu'une traite de trois heures par les sables et les rochers a affamé. Et sur les comptoirs et les rayons de l'auberge s'alignent les flacons, les bouteilles et les assiettes ! C'est une véritable auberge de Tantale.

Heureusement un homme est, à la Cotinière, la providence des touristes visitant la Côte-Sauvage. C'est M. Papinaud. M. Papinaud, s'apercevant de ma déconvenue, m'a reçu chez lui, m'a fait les honneurs de la Cotinière et a même voulu me ramener à Saint-Trojan dans sa voiture. Nul ne connaît l'île comme lui ; il fait en grand le commerce des poissons et des coquillages, et va de port en port s'approvisionner pour le continent. C'est, en outre, un des pêcheurs de sardines qui prennent le plus de ces poissons.

On poursuit beaucoup la sardine à la Cotinière. C'est le seul point de l'île d'Oleron où se fasse cette pêche. Des bancs nombreux sont en vue de la côte. Une dizaine de grandes chaloupes se consacrent à leur donner la chasse, et chacune d'elles prend jusqu'à dix mille sardines dans une seule journée. Ces pêches sont assez importantes pour qu'un industriel de La Rochelle ait acheté un vaste terrain sur la plage pour y établir une usine à conserves. On pêche de dix à douze millions de ces poissons par année. La Cotinière fournit aussi en abondance des homards, des berniques, des palourdes recueillies entre les roches et bien supérieures comme goût aux palourdes ramassées dans les argiles vertes de Saint-Trojan, des meuilles, des soles et de grands poissons qui ne vont guère dans la petite mer de Saintonge.

Malheureusement, la bourgade ne peut profiter de ces causes de prospérité, faute de port. La jetée qui protégeait sa petite rade il y a une vingtaine d'années encore, a été emportée par la tempête; avec elle s'en sont allés quelques établissements et, surtout, les pilotes qui se tenaient là sans cesse pour aller aider les navires entrant en Gironde ou dans les pertuis. Depuis lors, il n'y a plus un seul abri sur toute la Côte-Sauvage. Le port, depuis si longtemps projeté à la Perroche, est oublié, au grand dommage de notre marine qui y trouverait le seul refuge de ces parages. A la Cotinière, sauf en été, où les coups de mer sont rares, il n'y a aucune sécurité pour les petits navires et les barques de pêche, qui font la prospérité du village. Lorsque septembre est passé, dès que la mer sauvage commence à gronder, il faut tirer les bateaux sur la plage, et, à grand'peine, les hisser sur la côte. Alors toute navigation est impossible. La mer, furieuse, vient battre les dunes avec un bruit effrayant, elle lance des masses d'écume et même des paquets d'eau jusqu'aux ailes du moulin à vent qui occupe le plus haut des monticules. Les gens du pays, habitués cependant à ces horreurs magnifiques, ne parlent pas sans effroi de cette scène sauvage qui dure pendant près de six mois. Si une embarcation est surprise au large par la tempête, il lui est impossible de rallier un abri sur cette côte. Fréquemment on voit des chaloupes se briser avec leurs équipages, sans qu'on puisse leur porter secours !

M. Papinaud m'a fait parcourir en voiture une nouvelle partie de l'île. Nous sommes passés par Saint-Pierre, traversant chemin faisant le beau hameau de Maisonneuve, puis nous avons repris la route de Dolus et suivi ensuite un chemin de grande communication qui parcourt une région où des bois et des garennes donnent un caractère sauvage au pays. Jusqu'à Avail, sur plus de trois kilomètres, on ne rencontre ni hameau, ni fermes, c'est un phénomène pour l'île. A Avail, un beau bois de chênes verts se soude à la forêt de pins plantée sur les dunes. A partir de là, recommencent les villages : le Riveau, Courbonneau, le Tillou, les Allassins, précèdent le Grand-Village, la plus grosse de ces agglomérations.

De celui-ci, qui n'a, en fait de curiosités, qu'une petite chapelle dont la cloche sert de cible aux enfants, on va rejoindre, au Petit-Village, la route du Château à Saint-Trojan.

AU SUD D'OLERON.

Les naufrages de la Côte-Sauvage. — La baie de la Perroche. — Un compagnon de Beautemps-Beaupré. — Le père Méchain. — Un projet de Napoléon 1er. — Le Bry. — Propriété collective. — Les oignons de Saint-Trojan. — La dune littorale. — Maumusson. — Le phylloxéra à Oleron.

Saint-Trojan.

Ainsi que je l'ai dit, il n'existe pas un seul point de toute la Côte-Sauvage, sur près de 35 kilomètres, où les navires puissent trouver un refuge en cas de mauvais temps. On doit considérer comme perdue toute embarcation poussée sur les brisants du nord ou du centre, ou de l'entrée de Maumusson.

Heureux si tout se borne à un échouage et si

l'on peut arracher navire et équipage à la mort, comme cela eut lieu il y a quelques années pour un grand vapeur, le *Tamsui*, échoué en face de la Cotinière.

Cependant, la côte n'est pas aussi déshéritée qu'on pourrait le croire d'après ce tableau et la liste lamentable des naufrages. Quand on examine une carte marine ou même une carte de l'état-major, on est frappé de l'existence de deux ou trois petites baies ou anses, ouvertes dans les rochers plats couverts à mer haute. Vers Chaucre, il existe plusieurs de ces baies ; malheureusement, elles ouvrent au nord-ouest, en face même de la mer la plus terrible.

Il n'en est pas de même pour une autre baie creusée un peu plus bas, en face de la Perroche et près du village de la Remigeasse. Là, une échancrure longue de près d'un kilomètre et large de 500 mètres, permet à la mer, même à marée basse, de venir battre le pied des dunes. L'entrée est ouverte vers le sud, les vents d'ouest ne peuvent donc pénétrer dans l'anse.

De tout temps, cette situation a frappé les marins. A diverses reprises, on a tenté de compléter par des jetées ce port naturel ; malheureusement, on n'a jamais fait de travaux bien sérieux ; un simple mur opposé à la mer devait être emporté. La mer ne s'en est pas privée.

La Perroche est loin d'être un centre important, aussi n'y a-t-il pas de route pour s'y rendre de Saint-Trojan — sinon, à partir du Riveau, des chemins de sable. Mais on peut, au Grand-Village, traverser la chaîne des Dunes, large de moins d'un kilomètre en ce point, et suivre ensuite la plage de la Giraudière. Il y a là, à la pointe de l'Épinette, à demi engagé dans la plage de sable, à demi noyé dans la mer, un écueil redoutable, appelé rocher du Jard. La plage, très plate, très mouillée, se prolonge pendant deux kilomètres encore, puis les rochers commencent pour ne cesser qu'à la pointe de Chassiron. Assez étroits sur ce point, ils ont cependant des pêcheries, mais les plantes marines y sont rares : les pêcheurs de varech ne doivent pas faire fortune ici.

Une masse sombre qu'on aperçoit sur la côte à l'extrémité nord affirme peu à peu ses contours ; on ne tarde pas à reconnaître les deux fenêtres ogivales d'une petite chapelle ; c'est la Perroche.

Je suis arrivé à marée montante, assez à temps, toutefois, pour distinguer nettement la baie. Partout ailleurs, les roches viennent se souder à la côte et présentent, à mer haute, le spectacle de lames écumantes et bruyantes ; ici une longue et mince étendue de mer où les lames sont larges et basses vient finir au pied même de la petite dune supportant la chapelle. Le fond est de sable et si bien disposé que des baigneurs, en quête de sites peu fréquentés, sont venus s'établir à la Perroche.

Ce qui frappe tout d'abord, ce sont les débris, encore solides, d'une jetée construite au nord de l'anse. Elle remonte à 1868. A cette époque, on voulut reprendre l'œuvre détruite par la mer. La jetée établie au sud en 1795, celle construite au nord en 1835 ou 1836 avaient été démolies ; alors on tenta l'œuvre dont on voit les débris et que la guerre contre l'Allemagne est venue interrompre.

Le dernier projet était de faire une jetée en forme de fer à cheval, protégeant à peu près la moitié de l'anse et permettant aux grandes embarcations de pêche et même à de petits navires surpris par la tempête de venir se réfugier à la Perroche.

Depuis lors, et à diverses reprises, notamment lors de l'élaboration du programme de M. de Freycinet, la question de la Perroche est revenue à l'ordre du jour. Mais les ingénieurs ont préféré à ce travail la construction d'un grand port à Boyardville. On a consacré 700,000 ou 800,000 fr. à faire des trous dans le sable de la

côte orientale et, finalement, on a dû abandonner
ces travaux. Avec la moitié de cette somme, on
aurait créé un abri sûr à la Perroche.

Indépendamment de la défense nationale, qui
trouverait là un précieux refuge pour les torpilleurs, le grand intérêt de cette création est surtout celui du commerce bordelais. De nombreux
navires passent chaque jour en vue de la côte
d'Oleron, en destination de la Gironde. Ces
vaisseaux ne peuvent trouver de pilotes qu'à
Royan pour pénétrer dans le fleuve. Ils n'en
trouvent pas pour les aider à naviguer en vue
de la Côte-Sauvage ou pour franchir Maumusson,
quand ce pertuis est praticable. Il en résulte
des naufrages fréquents, qui portent un tort considérable au commerce de Bordeaux ; aussi la
chambre de commerce de cette métropole du sud-ouest a-t-elle pris, à différentes époques, des délibérations pour la construction d'un abri pour
les bateaux-pilotes à la Perroche.

A cela, on répond que les navires à voiles disparaissant peu à peu pour faire place à la navigation à vapeur, les pilotes seront de moins en
moins nécessaires. C'est une raison au moins
spécieuse, car les steamers fournissent une large
part à la liste des naufrages sur cette côte.

Tôt ou tard, on devra donner un abri à nos marins. Cette côte est terrible. Un seul fait dira ce qu'elle est. J'ai vu, à la Remigeasse, un octogénaire très vert encore, le père Méchain, mêlé, dès le début, à toutes ces questions, puisqu'il fut le *pointeur* du fameux hydrographe Beautemps-Beaupré quand il levait la carte de nos côtes. Eh bien ! le père Méchain n'a pas fait moins de vingt-quatre sauvetages au péril de sa vie sur la côte d'Oleron.

J'ajouterai que le père Méchain n'avait pas été décoré, il n'a pas eu le prix Montyon ; pour près de 40 ans de bons services, l'État lui allouait 140 fr. de pension. Il n'avait qu'un fils, il a été tué, étant capitaine, à la bataille de Beaumont en 1870.

Le père Méchain m'a rappelé un des grands projets de Napoléon Ier. Il s'agissait de construire un vaste port à la Perroche et d'ouvrir un canal qui aurait coupé en deux l'île d'Oleron, pour aller déboucher dans la rade des Trousses. On aurait ainsi enlevé aux Anglais la possibilité de bloquer Rochefort. Des études sérieuses furent faites à ce moment, le canal devait déboucher dans l'anse de la Perroche par une profondeur de 32 pieds. 1815 est venu et, avec lui, l'abandon de ce projet grandiose que les nouvelles conditions de la guerre navale et l'emploi de la vapeur rendent superflu aujourd'hui. Mais si le canal est inutile, l'abri de la Perroche s'impose. Le jour où le port sera créé, nous verrons l'île reprendre l'importance maritime qu'elle a perdue et qui valut aux règlements des gens de mer, au moyen âge, le nom de « Coutumes d'Oleron ».

Il y a quelques années, pendant un gros temps, deux navires faillirent se heurter sur les côtes d'Amérique. Il s'en fallut de fort peu, un chien de Terre-Neuve, du bord d'un des vaisseaux, put bondir sur l'autre. Le navire qui avait reçu ce passager poursuivit sa route. La tempête le poussa vers l'est et le rejeta sur des récifs où il s'échoua. Le navire allait être envahi par les vagues ; le brouillard était tel que les naufragés ne pouvaient distinguer le moindre détail de la côte et reconnaître dans quelle partie du monde les avait jetés l'ouragan. Un matelot proposa de se jeter à la nage et de tâcher de gagner la terre, mais on ne pouvait même deviner si celle-ci était à l'avant ou à l'arrière, à bâbord ou à tribord.

— N'avons-nous pas le terre-neuve ? s'écria tout à coup l'un d'eux. Attachons-lui une corde au cou, jetons-le à la mer et nous le suivrons. Il nous conduira certainement à terre.

Le conseil fut suivi. Le terre-neuve conduisit tous les naufragés jusqu'à une plage, bordée de dunes, que d'abord personne ne reconnaissait.

— Mais, s'écria un vieux matelot au comble de l'étonnement, nous sommes à la Perroche !

L'équipage ainsi sauvé se rendit au Château, où tout le monde se souvient encore des marques d'affection données au brave animal par l'équipage. Celui-ci n'a pas voulu s'en séparer.

En dehors du port, la Perroche n'a rien de bien curieux, sinon sa petite chapelle. C'est un ancien prieuré, édifice de la plus pure époque romane, le vent de mer l'a malheureusement rongé, les moines du moyen âge l'ont maladroitement restauré, en ouvrant deux fenêtres ogivales au fond de l'abside et en surmontant la façade d'un clocher en forme de pignon, percé de deux autres fenêtres gothiques. Ce clocher, peint en noir pour servir d'*amer* à la navigation, produit un effet des plus singuliers.

Pour rejoindre Dolus, on traverse le beau bois d'Avail, où les chênes verts et les chênes blancs sont mêlés, où le sous-bois est couvert de bruyères roses. C'est un des coins les plus aimables de l'île. Je ne l'ai pas quitté sans regret pour poursuivre ma route vers la grande curiosité de l'île d'Oleron : le pertuis de Maumusson.

Le pertuis est surtout beau à voir par ses colères, quand la grande mer vient se briser sur le banc de Gatsau et interdire aux embarcations l'entrée du chenal. En cette saison, il est rare que la mer soit forte. Le pertuis est presque toujours praticable, à moins que les vents ne viennent à tomber. Dans ce cas, malheur au navire qui ne peut résister au courant ! il est perdu. Je n'ai rien pu admirer de tout cela : ni calme plat dans le pertuis, ni mer démontée. J'ai dû voir Maumusson par un beau temps. Même ainsi, ce passage entre l'île et le continent est imposant.

Il y a plusieurs chemins pour se rendre à Maumusson. On peut traverser la forêt des dunes et aller suivre la Côte-Sauvage, on peut longer la côte de la rade intérieure, enfin on peut traverser en droite ligne le pays qui sépare Saint-Trojan de la pointe extrême de l'île.

Par ce dernier itinéraire, on traverse la petite plaine du Bry. Elle est d'origine entièrement moderne; il y a moins de cinquante ans, c'était une baie vaseuse que la mer couvrait à chaque marée. Des travaux d'endiguement ont transformé cette anse en terres de culture; grâce à des canaux qui empêchent l'eau douce des dunes et l'eau de mer de se mêler, le territoire est non moins salubre que fertile. La moitié à peu près a été répartie entre les habitants de la commune de Saint-Trojan. Chaque famille possède ainsi sa parcelle. On a surtout planté de la vigne ; elle est superbe et produit un vin blanc exquis. A côté, sur ce même sol de sable ou d'argile, les légumes et toutes les cultures prospèrent. L'oignon, une variété spéciale d'oignons, petits, mais fort doux, tient la place d'honneur. On prétend que Saint-Trojan vend pour plus de 300,000 francs chaque année de ces légumes, qui faisaient la consolation des Hébreux, si l'on en croit la Bible et la complainte :

> Sur les rivages du Nil,
> Tout peuplés de crocodil's,
> Les Juifs gémissaient, et ils
> N'avaient pour consolation
> Que de manger des oignons !

Le golfe n'est pas encore complètement conquis ; il reste, de la pointe de Menson aux dunes qui lui font face, une vaste étendue de sables et de vases ; on pourra la dessécher quelque jour.

En Saintonge, *Bry* est un mot générique qui veut dire argile marine accumulée par les vagues.

Ces terres de *bry* se retrouvent sur toute la côte ; par elles, par les apports de la mer, les îles d'Arvert, de la Tremblade, de Marennes, de Hiers (Hiers-Brouage), Beaugeay, Saint-Just, Saint-Sornin, Armotte, etc., sont maintenant continent. Toutes ces îles ont été soudées entre elles par le *bry* et sont devenues terres fermes, bien que sillonnées de chenaux et coupées par le large estuaire de la Seudre.

A la ferme du Bry, domaine particulier dont la commune de Saint-Trojan voudrait se rendre acquéreur pour le partager entre ses habitants comme le reste de la plaine, on continue de suivre la route macadamisée conduisant, à travers la forêt, jusqu'à la pépinière de vignes américaines. Au delà de la pépinière, il n'y a plus de chemin sérieux pour aller à Maumusson ; il faut se hisser de dune en dune, à travers des pins rabougris où les lapins abondent, et là, quand on a découvert la balise indiquant l'entrée du pertuis, se diriger droit sur elle. De dune en dune, on parvient enfin à la dune littorale, absolument nue, de formation récente et due entièrement à la main de l'homme. Ces sables, qui envahissaient toute la côte du sud-ouest, de Bayonne à l'extrémité de l'Ile de Ré, ont été asservis. Non seulement les dunes existantes ont été reboisées et n'ont pu engloutir les villes et les bourgs, comme elles ont englouti Mimizan et Soulac, dans les landes de la Gironde, Anchoisne, dans la presqu'île d'Arvert, et, dans l'île même, l'ancien Saint-Trojan, mais encore on a pu reconnaître assez bien les lois qui président à leur formation pour pouvoir forcer le sable amené par la mer à former d'autres collines. Celles-ci à leur tour sont gazonnées et boisées, et accroissent d'autant le territoire. C'est un problème plus difficile que la formation des plaines de *bry* au moyen de digues, il n'a pas été moins bien résolu.

On sait que les sables rojetés par la mer sèchent complètement dans les parties qui ne sont pas souvent couvertes par le flot de marée, ou sont baignées par le flot de courts instants chaque jour. Le vent s'empare alors des molécules arénacées et les transporte avec une rapidité prodigieuse. Mais le moindre obstacle les arrête et le sable s'amoncelle jusqu'à ce que l'obstacle soit dépassé. Alors le sable, de nouveau poussé par le vent, reprend sa marche vers l'intérieur, s'entasse sur de nouveaux obstacles et recommence. La haute dune de la Brisquette, dans la presqu'île d'Arvert, a 62 mètres; elle recouvre, dit-on, un village dont le clocher était fort élevé.

Au moment où l'illustre Brémontier commença dans les dunes de la Gironde ses essais de fixation des sables, on calculait qu'avant deux siècles Bordeaux elle-même aurait été atteinte !

On a commencé d'abord, suivant le système de Brémontier, par fixer les dunes, mais aujourd'hui, par la création de dunes artificielles, on a beaucoup perfectionné les procédés de défense. Partant de ce principe que les obstacles favorisent la création des dunes, on établit sur la plage, à l'endroit où les sables montrent la plus grande mobilité, une ligne de palissades, en fascines ou en planches, le sable a bientôt recouvert l'obstacle ; on en élève un autre au sommet du premier ; quand cette nouvelle barrière est couverte, on en place une troisième et ainsi de suite ; par ce système on a obtenu une longue et droite ligne de dunes artificielles dont quelques-unes ont déjà plus de 15 mètres de hauteur. Lorsque la dune a atteint une élévation suffisante, on recommence l'opération en avant, et, pendant qu'une nouvelle dune se forme, on procède à la fixation de celle qui a été conquise.

Il y a deux périodes bien distinctes pour cette fixation. On va d'abord au plus pressé, en plantant sur les dunes des rangées de *gourbets* ou joncs des sables. On sépare les touffes de ces joncs et on les repique en lignes sur la dune. Dès lors, celle-ci est fixée et ne craint plus d'être déplacée par les vents. Quand les gourbets ont pris racine et forment un premier abri, on procède au semis des graines de pins. Ces graines, répandues sur le sable, sont protégées contre les vents par les gourbets et par des branchages mis à plat sur toute l'étendue du semis. La graine de pin lève ; le petit arbuste croît à l'abri du gourbet qui lui donne de la fraîcheur ; il devient assez fort pour se passer d'aide ; il croît, étouffe par son ombre les joncs qui lui ont permis de naître, et bientôt une forêt verte a remplacé les dunes blanches qui miroitaient au soleil et que le vent faisait fumer comme des volcans, en soulevant les sables des crêtes. — Dans l'île d'Oleron, le phénomène est surtout curieux à contempler autour de Maumusson ; ailleurs, il est presque insignifiant.

Tel est le procédé par lequel on a créé la forêt de Saint-Trojan et sauvé la pointe sud de l'île d'un ensevelissement d'abord, de la destruction ensuite. Par là, on s'oppose aux empiétements de la mer, parfois énormes, puisque dans la presqu'île d'Arvert, 800 mètres de largeur de côte avaient été enlevés de 1843 à 1868. A cette dernière date, on commença à faire des dunes littorales ; dix ans après, on avait regagné 40 hectares sur la mer ; 24 kilomètres de dunes nouvelles bordaient l'Océan, 8 kilomètres bordaient le rivage sud du pertuis.

Autour de Maumusson, on assiste d'un seul coup d'œil à tout ce travail. La plage, très large, toute bosselée de petits monticules amassés autour d'épaves, fournit les matériaux aux ingénieurs. Après vient la dune littorale, avec sa barrière de fagots au sommet, formée d'un sable ténu miroitant au soleil, et déjà couverte de gourbets du côté opposé à la mer, puis les dunes achevées abandonnées à la végétation du gourbet, des plantes odorantes qui aiment le sable et des plantes aquatiques qui croissent dans les fonds. Ensuite une ligne de pins rabougris, couchés par le vent de mer, végétation souffreteuse qui abrite du vent d'autres pins, de belle venue ceux-là, s'étendant jusqu'à la petite mer de Saintonge. Rien n'est plus saisissant que cette bataille incessante livrée par le génie et la patience de l'homme aux forces aveugles de la nature.

Nulle part on ne voit mieux ces forces qu'à Maumusson. A côté de ces sables indomptables en apparence, et qu'on a pu calmer, hurle la mer furieuse brisant sur les bancs de Gatsau et qui semble opposer au passage du détroit une barrière infranchissable. A mer basse, il n'y a pas un kilomètre entre les deux plages de sables de la pointe d'Arvert et de la pointe de Maumusson ; le courant y est si violent que toute embarcation engagée dans le pertuis est perdue si le vent vient à manquer ; elle est entraînée sur les brisants et démolie. Quant aux grands navires, on en cite un seul ayant osé franchir l'effroyable passe. A l'époque où j'ai vu Maumusson, le spectacle n'avait rien d'aussi tragique. La mer avait une forte houle, elle faisait rage sur les bancs de Gatsau, mais la passe n'était effrayante que par l'excessive déclivité de la plage. On devine un gouffre sous ses pieds ; les lames viennent, lourdes et profondes, se briser sur le sable. Des grandes barques de pêche, trouvant le vent et le courant favorables, passaient à toute vitesse dans le chenal suivies par des nuées d'autres barques, allant dans la Seudre, porter le produit de leur journée.

En face, les hautes dunes d'Arvert avec leur sombre parure de pins. Du côté de l'ouest, les immensités sans fin de l'Océan et les traînées noires des fumées lancées par les paquebots entrant dans la Gironde ou sortant du fleuve. Paysage imposant par son immensité et sa solitude, mais il ne peut en rien faire comprendre les terribles fureurs de Maumusson, quand le bruit des vagues entrechoquées s'entend à quinze lieues de là, dans l'intérieur du continent.

Au retour de Maumusson, j'ai visité les pépinières destinées à la reconstitution du vignoble.

Pendant longtemps on avait cru que le petit archipel des côtes de Saintonge resterait indemne en face des vignobles de la grande terre presque complètement détruits. Il y a douze ans encore, l'île fournissait une quantité de vins oscillant entre 70,000 et 80,000 tonneaux de 9 hectolitres. Si l'on veut bien se souvenir qu'Oleron a 15,000 hectares d'étendue, on reconnaîtra que c'est énorme. Malheureusement le phylloxéra est venu, apporté, soit par le vent, soit, comme on le prétend, par les pierres à macadam destinées aux chemins de l'île. En deux ou trois ans, les communes du Château, de Dolus et de Saint-Pierre étaient dévastées ; sauf dans les sables, tout était détruit, du moins, ce qui restait était insignifiant.

Dans les parties sablonneuses on a pu sauver le vignoble. Partout où il y a des sables frais, au pied des dunes, sur les pentes de ces monticules, ou dans les petits vallons creusés entre elles (on les appelle des lèdes dans les dunes de la Gironde), on a replanté ; les plants viennent bien, et là, au moins, on peut compter sur quelque résultat.

La vigne semble en son habitat dans ces sables ; il n'est pas rare de trouver de grands espaces sous les pins de la forêt absolument envahis par les vignes sauvages. Près du Bry, j'ai vu des jeunes pins envahis par les sarments et couverts de grappes magnifiques. On en peut conclure que l'on pourra peut-être un jour laisser une étroite bande de bois comme obstacle à la mer et transformer tout le reste en un vignoble fertile, semblable à celui de Cap-Breton, dans les Landes, où la vigne des sables était cultivée bien avant l'arrivée du phylloxéra en France.

L'administration des forêts a pensé ainsi quand elle a créé ses deux belles pépinières au cœur même de la forêt de Saint-Trojan.

La première est située non loin du bourg, sur la route empierrée conduisant à la grande côte. Elle est uniquement consacrée aux vignobles français. L'aspect de ces ceps vigoureux le fait espérer, on pourra un jour consacrer à la vigne une grande partie des 1,100 hectares de dunes que compte la seule commune de Saint-Trojan.

Quant à la pépinière de vignes américaines, elle présente un aspect plus remarquable encore, il y a là des sarments d'une longueur étonnante, notamment des Riparias tomenteux superbes. Le sol tout entier disparaît sous les rameaux luxuriants.

———

IV

L'ILE D'AIX

L'île d'Enet. — La pêche des huîtres portugaises. — Embouchure de la Charente. — Dans l'île d'Aix. — La maison de l'Empereur. — Visite de l'île.

Bois du fort Liédot.

Le train qui m'a amené à Fouras ce matin ne coïncidait pas avec la marée. La chaloupe chargée du service postal de l'île d'Aix — l'île d'É, comme on prononce ici — a dû aller s'échouer bien loin de la petite station balnéaire où aboutit le chemin de fer, ou, plutôt, la locomotive. La voie ferrée, en effet, se poursuit au delà de Fouras, jusqu'à l'extrême pointe de l'Aiguille, dernier lambeau continental, à marée haute, de ce littoral si bizarrement déchiqueté. Mais le chemin de fer est inutilisé ; on avait voulu faire ici le centre de ravitaillement pour nos escadres ou nos navires en armement dans les rades de l'île d'Aix, des Basques et des Trousses. Mais la voie ferrée aurait dû être complétée par la création d'un port où les embarcations pourraient faire leur chargement bord à quai. Il n'en a rien été, le chemin de fer reste inutile, ses rails, rouillés, disparaissent par place sous les herbes et le sable. Un tel abandon donne plus de tristesse encore à ce paysage si morne à basse mer, sous un ciel gris et terne.

La mélancolie du tableau n'est pas sans grandeur. La mer et les terres basses se confondent ; de longs bourrelets de roches ou de sable, péninsules ou îlots apparaissent au loin avec des touffes sombres qui sont des arbres, et des taches d'un blanc cru qui sont des maisons. Au delà de la pointe de l'Aiguille et, en face, derrière l'île Madame, d'immenses rochers découverts, tapissés de varech, s'avancent presque jusqu'à l'île d'Aix. Entre ces deux lignes de récifs un énorme fleuve d'eau jaune s'épanouit, dans lequel accourt le flot montant, c'est la Charente aux rives vaseuses remplies de choses noires qui sont des bouchots, pieux reliés par des fascines sur lesquels on fait l'élevage des moules.

Au fond une terre basse, couverte de forts et de pavillons, se présente en croissant : l'île d'Aix. Plus loin une immense côte, plate, à peine distincte, se prolonge vers le nord : l'île d'Oleron. Des navires de guerre à l'ancre, des canonnières blanches passant en jetant un nuage de fumée, dominent tout ce panorama de îlots et de terres aplaties confondus dans l'horizon.

Repoussé par l'aspect terne des choses, le regard revient volontiers à l'étroite péninsule d'Enet (on prononce Énette). Un redan et un fort abandonnés la ferment vers Fouras, plus loin le mince pédoncule, juste assez large pour la route et le chemin de fer, se prolonge entre les vases de l'anse de Fouras semblables à une mer immobile, et les vases de la Charente. Sur les talus croissent de rares touffes d'ajoncs, dont la floraison éclatante met un peu de gaîté dans cette morne nature. Un sourd grondement remplit l'atmosphère : la marée accourt sur ces bancs immenses de boue. Deux ou trois heures encore et ces espaces indécis seront couverts par le flot, la mer roulera sur eux ; les barques et les petits navires la sillonneront.

Sur les rochers couverts de varechs, une foule bizarre d'hommes, de femmes, d'enfants et d'animaux s'agite. Ces roches plates d'Enet sont un immense banc d'huîtres portugaises. Armés de petites haches, les pêcheurs détachent les mollusques de la roche de calcaire grossier et friable sur laquelle ils sont attachés. Les jeunes huîtres ainsi recueillies sont destinées aux parqueurs d'Oleron, de Marennes et de la Seudre qui les paient un franc le mille. En travaillant sans relâche on peut, au cours d'une marée, arriver à 2,000 huîtres. Aussitôt détachés, ces bivalves sont mis en des paniers en fil de fer, rincés au milieu d'une flaque d'eau laissée entre les rochers, versés dans des sacs empilés dans des charrettes traînées par des mulets. Chaque jour des centaines de sacs sont ainsi emportés ; mais l'huître portugaise est très prolifique, malgré la pêche excessive, les bancs d'Enet ne sont pas à la veille d'être dépeuplés.

Entre les rochers et les varechs court un sillon couvert de sable fauve et de débris de coquillages. Il quitte la terre ferme sous un singulier monticule de béton, recouvert d'une couche gazonnée, où s'abritent les appareils pour la projection de la lumière électrique destinée à fouiller les rades en temps de guerre. Ce ruban sur lequel circulent les charrettes se tord, pendant deux kilomètres, jusqu'à une lourde mais assez pittoresque forteresse de forme arrondie, bâtie à la limite des basses mers : le fort d'Enet. A marée haute ce chemin disparaît, comme la table rocheuse qui le porte, le fort devient un îlot solitaire, sur lequel vit un garde d'artillerie. Les pêcheurs et les pêcheuses d'huîtres l'entouraient tout à l'heure, mais la mer montante les chasse bientôt, l'isthme de plus en plus rétréci se couvre, il devient une barre où deux flots, venus l'un par le pertuis d'Antioche, l'autre par le pertuis de Maumusson, se livrent de furieux combats.

Peu à peu l'étendue des roches diminue, mais la chaloupe postale ne flotte pas encore. Le canot qui doit nous conduire près d'elle reste prisonnier entre deux rochers. On vient d'y jeter une foule d'objets hétéroclites : le sac des dépêches, bien petit et bien vide, un bidon de pétrole, un panier renfermant de la viande, des plants d'oignon, que sais-je encore. La barque est déjà remplie et nous allons entrer six là-dedans !

Enfin nous flottons et pouvons aller accoster la chaloupe encore un peu penchée sur tribord, nous embarquons et attendons patiemment le flot ; le petit équipage, deux hommes et un matelot volontaire, se mettent au cabestan, l'ancre dérape, les voiles flottent et nous courons contre le flot, entre les deux grandes masses d'eau qui ont fait le tour de l'île d'Aix ; ici le courant est moins violent, on ne devine la rencontre des flots que par une longue et capricieuse bande d'écume appelée *limée* par les marins.

Nous longeons les rochers d'où les pêcheurs s'éloignent comme à regret, suivis par des mouettes audacieuses cherchant sur leurs traces les huîtres brisées par de maladroits coups de hachettes. Nous passons à raser le fort d'Énet, devenu tout à fait insulaire, c'est une vieille bâtisse rafistolée et bétonnée pour recevoir des pièces de canon

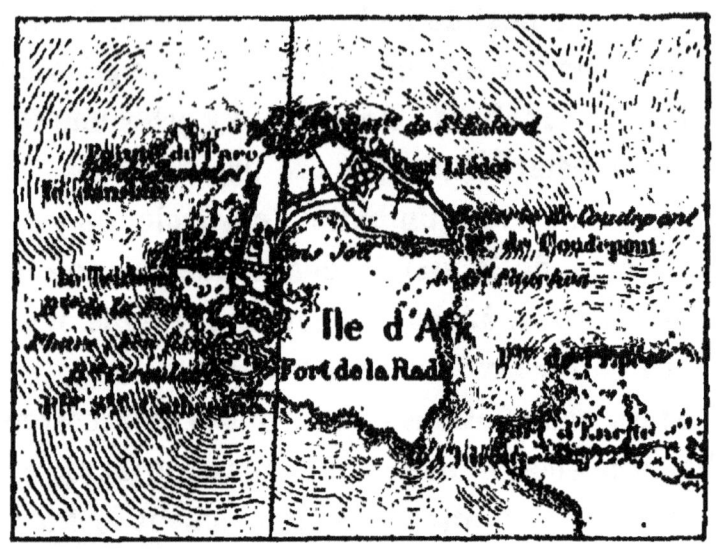

L'ÎLE D'AIX.

D'après la carte de l'état-major au $\frac{1}{80,000}$.

modernes. Au delà, l'île d'Aix nous apparaît tout entière ; la concavité de sa grande baie lui donne l'apparence d'une terre beaucoup plus grande qu'elle ne l'est en réalité.

Devant nous un beau croiseur de premier rang, le *Jean-Bart*, dresse, au-dessus de sa noire carène, deux hauts mâts militaires chargés de hunes où l'on voit passer la volée de canons à tir rapide. Près de lui est le stationnaire, navire à aubes, lourd et trapu, appelé le *Castor*, chargé de surveiller l'entrée de la Charente. En mer, semble flotter le fort Boyard, grosse masse ronde, peinte en noir, d'aspect lugubre et rébarbatif ; les vagues qui l'assiègent s'élancent en fusée contre ses flancs percés de trois étages de sabords et surmontés d'un phare à l'une de ses extrémités, car cette tour, ronde en apparence, est ovale. Jadis forteresse puissante, le fort Boyard, en dépit de son apparence tragique, de ses multiples embrasures, de son isolement en pleine mer sur un banc sans cesse couvert par le flot, est aujourd'hui peu menaçant. Ses canons sont inoffensifs contre les navires modernes, ses flancs et les voûtes de ses casemates ne résisteraient pas longtemps à l'artillerie d'un cuirassé ou d'un croiseur. Les deux rades qu'il sépare : celle de l'île d'Aix et celle des Trousses, sont défendues par des ouvrages moins pittoresques mais autrement puissants.

En réalité l'île d'Aix n'est qu'une forteresse ; la pointe où nous l'abordons se présente, hargneuse, avec les hauts remparts du fort la Rade. Partout des murailles ; de la bourgade on n'aperçoit que des toits gris entre les branches dépouillées des arbres. Le canot nous dépose sur une cale très inclinée, accédant à une porte donnant accès sur une sorte de place d'armes. Le fort la Rade, avec ses remparts de pierre, paraît de médiocre valeur, mais une batterie de lourdes et belles pièces de récent modèle s'étend à ses pieds, au-dessous du sémaphore et des deux feux de port. Les rues du village s'ouvrent sur cette sorte de place d'armes. Rues très propres, larges, bordées de maisons basses, par lesquelles errent quelques soldats ou marins. La bourgade est semblable à toutes celles de la côte et n'a rien pour attirer l'attention ; l'église est un ancien magasin militaire, bâti non loin d'une maison prétentieuse, où deux colonnes de pierre supportent le balcon. Au milieu du toit de cette maison, sur un fronton, est un aigle de pierre aux ailes déployées. Une plaque de marbre, au-dessous de l'aigle, porte cette inscription en lettres d'or :

A

LA MÉMOIRE

DE NOTRE IMMORTEL EMPEREUR

15 JUILLET 1815

TOUT FUT SUBLIME EN LUI, SA GLOIRE, SES REVERS
ET SON NOM RESPECTÉ PLANE SUR L'UNIVERS

Ces vers de mirliton sont consacrés à l'un des plus grands événements du siècle. De cette maison Napoléon partit pour se rendre sur le *Bellerophon* qui devait le transporter à Sainte-Hélène. L'Empereur s'était embarqué à Fouras le 8 juillet 1815, pour aller sur la frégate *la Saale*; celle-ci, le lendemain, le conduisit à l'île d'Aix. Les habitants de l'île l'accueillirent avec enthousiasme, le régiment de marine, composé de 1,500 hommes, fut passé en revue par l'Empereur et l'acclama. Retourné le jour même sur la *Saale*, il quittait de nouveau ce navire, le 12, pour revenir dans l'île, l'accueil ne fut pas moins chaleureux de la part des insulaires. Napoléon descendit alors dans la maison désormais historique; là s'agitèrent divers moyens d'évasion, que le vaincu ne sut pas accueillir. Là, enfin, il écrivit au prince régent d'Angleterre la lettre si digne par laquelle il se confiait à l'honneur anglais. Il en partit pour monter à bord du navire britannique chargé de surveiller la rade.

Quand on parcourt ce maigre écueil d'Aix, dont on fait à pied le tour en moins de deux heures, on est surpris qu'il ait pu voir tant de choses. Quatre îles eurent un rôle dans l'existence de Bonaparte : la Corse où il naquit, Elbe dont il fut le souverain, Sainte-Hélène où il est mort, l'île d'Aix est la plus petite. Elle couvre 129 hectares ; sur cet étroit espace vivent 386 habitants ; même leur lot est bien plus réduit, la majeure partie du sol étant couverte par des forts, des batteries, des établissements militaires. On ne peut guère évaluer à plus de 60 hectares la surface laissée à la population. Celle-ci est donc fort dense, plus encore que dans les îles voisines, Ré et Oleron, qui comptent parmi les terres les plus peuplées de l'Europe.

Il est merveilleux que tant d'êtres humains aient pu y vivre. L'île, en effet, nourrit sa population sans le secours de la navigation ou de l'industrie. En dépit de la mer il n'y a que 3 inscrits maritimes à l'île d'Aix, c'est-à-dire trois marins, le reste des hommes cultive le sol. Chacun possède un bout de vignes, une parcelle de terre ou de pré, mais on peut juger de l'exiguïté de ces lots par les chiffres du cadastre. Il y a à Aix 42 hectares de vignes, 12 hectares de terres de culture et 5 hectares de pâturage. Le bétail comprend 1 mulet, 14 ânes, 1 taureau, 1 vache, 2 génisses, 2 moutons et 3 porcs. Je viens de voir tout ce cheptel aux abords du bourg, sur des prés salés, établis où furent jadis des salines. Le vin est bon, les céréales sont d'excellente qualité, mais la production ne saurait nourrir la population sans la mer. La grande pourvoyeuse donne en abondance des huîtres portugaises, des palourdes, des pétoncles, des sourdons, des crevettes, des crabes, etc., entrant pour beaucoup dans la nourriture des insulaires. En outre une partie des produits recueillis sur les rochers, les plages et les grèves est vendue et fournit quelques ressources aux habitants ; on évalue à 9,000 fr. le produit de la cueillette des huîtres, à 2,000 fr. la valeur des crustacés, à 1,000 fr. celle des coquillages. La petite garnison permanente, les équipages des navires de guerre, les touristes, les ouvriers des forts laissent en outre des sommes assez rondes. Tout cela explique le caractère d'aisance de l'unique village de l'île.

Sauf les gardiens des forts et batteries, la population entière réside dans ce village enceint de remparts comme une ville forte. La garnison, 22 hommes, est au fort Liédot ; son chef, un lieutenant, occupe la maison de l'Empereur. Les autres maisons de l'île, une demi-douzaine au plus, situées au milieu, sur le bord de la haie, sont des étables.

L'île est vite parcourue, d'ailleurs on ne peut circuler dans les forts et l'on est réduit à la plage ou à la partie sud, traversée par un chemin bien entretenu par le service de l'artillerie. Tout le côté ouvert au pertuis d'Antioche est bordé de forts et de batteries, les canons et les mortiers alternent avec les postes optiques. Les vieilles enceintes classiques, avec leurs bastions, leurs remparts, leurs embrasures ont été conservées, mais la véritable force est dans la ceinture ininterrompue de batteries basses ou hautes récemment construites. Le fort la Rade bat la rade de l'île d'Aix et, au delà du fort Boyard, la rade des Trousses, croisant ses feux avec le fort des Saumonards dans l'île d'Oleron ; les batteries du bourg, de Jamblet, de Saint-Eulard, le fort Liédot, les batteries de Rechignac, Neuve et de Coudepont battent la rade des Basques. C'est un front ininterrompu de défenses, sans cesse accrues.

Du fort la Rade au fort Liédot, l'île est très étroite, de 200 à 600 mètres. Autour du fort Liédot, où la largeur est plus grande, l'île a pour sommet culminant un mamelon de 9 mètres d'altitude, couvert d'un petit bois de pins dont les arbres, doublant cette hauteur, font naître l'impression d'une petite colline. La côte y est rocheuse, la mer y déferle violemment, quelques petites landes couvertes d'ajoncs et de genêts donnent à cette partie de l'île un caractère de sauvagerie.

Çà et là de jolies plages d'un sable fin s'étendent; la plus grande borde la baie formée par les deux pointes recourbées de Coudepont et de Sainte-Catherine. C'est la promenade des habitants, si les habitants éprouvent le besoin de sortir du village, autrement que pour leur travail, chose assez rare. La population est fort sédentaire, très attachée à cette petite terre, elle la quitte peu volontiers pour aller sur le continent. L'instituteur de l'île, M. Arsonneau, est là depuis l'année 1865 et ne songe point à abandonner son poste. En vain lui a-t-on offert de l'avancement, il préfère rester dans son îlot ; il ne le quitterait même pas pour retourner à Ré, son île natale.

La population est d'origine relativement récente. A en juger par l'état civil, elle comprend deux grandes familles venues des îles voisines : les Gourmel et les Privat. Les premiers, dont le nom s'écrit aussi Gourmeil et Gourmelle, viendraient de l'île de Ré, les autres de l'île d'Oleron. En dépit des alliances les deux peuplades restent encore distinctes.

Du fort Liédot, portant sur ses remparts les dates de sa création et de ses accroissements : 1810-1834-1880, je découvre toute cette terre infime perdue dans la mer, entre les côtes basses et rangées de l'Aunis et les deux grandes îles voisines. En dépit des canons qui frangent le rivage, l'aspect de ce monde lilliputien est heureux et reposant. A contempler ces beaux vignobles, ces minuscules champs de blé, ces rivages qui livrent aux travailleurs de la grève la nourriture de chaque jour, on comprend l'affection des insulaires pour leur mignonne patrie et l'on s'explique qu'ils ne songent guère à la quitter pour un monde plus vaste.

Tout bonheur que la main n'atteint pas n'est qu'un
[rêve...

V

L'ÎLE MADAME ET BROUAGE[1]

Les rochers des Palles. — Affaire des brulots (1809). — L'île Madame. — La passe aux Bœufs. — Une ville morte. — Brouage et ses remparts. — Souvenir de nos vieilles armées.

Brouage.

La chaloupe de l'île d'Aix à Fouras a pu me conduire sur l'autre rive de l'estuaire charentais, à l'île Madame. La traversée est courte quand le vent est favorable, comme il l'a été tout à l'heure.

Ce petit bras de mer, où sont mouillés les navires de guerre en armement, est un des sites historiques de la France. Là, peut-être à l'endroit où le *Jean-Bart* repose immobile, se trouvait le *Bellerophon* quand Napoléon en fuite chercha à gagner l'Amérique. Les eaux troubles et tumultueuses sur lesquelles vogue si gaiement notre embarcation ont vu, en 1809, le désastre de la

---

1. Voir la carte des îles de Marennes, chapitre II.

flotte française de l'amiral Jacob. 11 vaisseaux de ligne et 4 frégates, ancrés dans la rade de l'île d'Aix, furent attaqués par la flotte anglaise de l'amiral Gambier.

Nos vaisseaux n'osèrent pas troubler l'ennemi mouillé dans la rade des Trousses, et celui-ci, dans la nuit du 11 au 12 avril, lança contre nous une trentaine de brûlots. Effrayés, les commandants dérapèrent en toute hâte pour remonter la Charente, mais, dans leur fuite précipitée, quatre de nos navires allèrent se jeter sur les rochers des Palles, où, le lendemain, les Anglais les livrèrent aux flammes.

Les voici, ces funestes rochers. Ils sont, sur la rive gauche de l'estuaire, le pendant des rochers d'Enet ; comme eux, ce sont les témoins d'une terre disparue. Sur ce banc couvert de varechs, des myriades d'oiseaux de mer s'abattent, la mer montante déferle avec bruit. Aucun écueil ne paraît plus farouche. La chaloupe les range avec précaution pour gagner un promontoire verdoyant bordé de rochers gris et de falaises terreuses sans cesse érodées par la tempête. Un fort et une maison basse apparaissent. C'est l'île Madame.

Le débarquement n'est pas commode ; le pilote nous conduit près d'une sorte de tourelle en maçonnerie surmontant une roche. Cette tourelle, de robuste apparence, abrite un puits creusé par les ordres de Napoléon 1ᵉʳ, les gens du pays le considèrent comme une des merveilles du monde. Le fait d'avoir cherché et trouvé de l'eau douce au bord même de la mer leur semble miraculeux.

Un sentier monte sur la contrescarpe du fort de l'île Madame. Du sentier longeant le fossé on domine entièrement cette petite terre, longue de moins d'un kilomètre, large de 600 mètres seulement. Au pied du fort — un vieux fort démodé — une ferme abrite ses pauvres constructions. Tout autour s'étendent des luzernières, des champs de blé, de grasses prairies, quelques vignes. Des vaches paissent l'herbe savoureuse. L'ensemble est très verdoyant. Le fort aux murailles rousses paraît enchâssé dans une émeraude.

Mais c'est la solitude absolue. Malgré les chasseurs qui poursuivent les oiseaux de mer sur le rocher des Palles, on se dirait perdu en mer. La marée est haute encore, nous sommes obligés d'attendre qu'elle se soit retirée pour gagner le continent. L'île Madame est reliée à la terre ferme à marée basse par une immense vasière, au milieu de laquelle les deux flots, l'un venu d'Antioche, l'autre de Maumusson, ont amassé un étroit bourrelet de sable assez ferme pour laisser passer des charrettes. Ce liseré a reçu le nom de *passe aux Bœufs*, mais il n'atteint pas complètement le continent ; la fin du trajet s'achève, pour les piétons pressés, sur des pierres jetées au milieu de la vase. Cependant les sables auront bientôt réuni

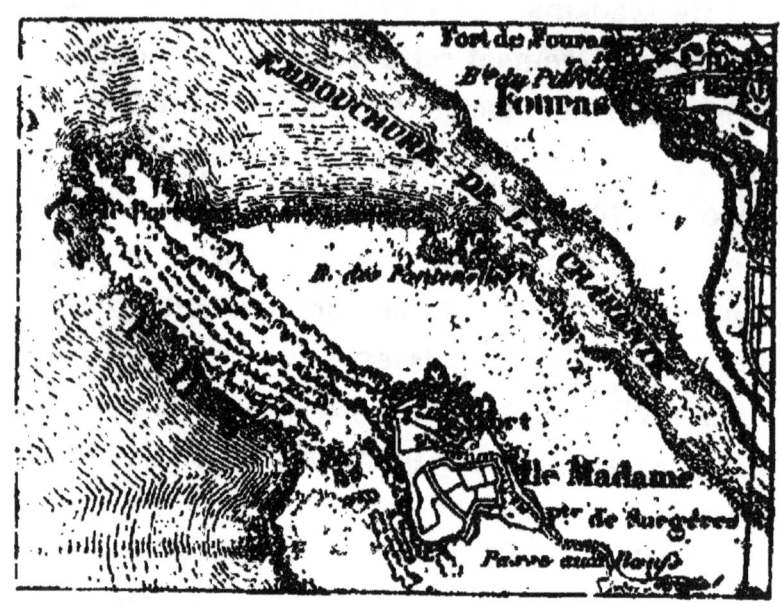

L'ILE MADAME.

D'après la carte de l'état-major au $\frac{1}{80\,000}$.

les deux rives ; depuis six mois, dit-on, le progrès est sensible.

J'ai attendu près d'une heure que la passe soit libre, avançant avec une joie d'enfant sur chaque bande de sable abandonnée par le flot. Enfin voici les pierres blanches annoncées ; en quelques bonds, malgré des glissades, je prends pied sur le promontoire où les remparts à demi démolis des forts du Peu et Chagnaud commandent des dunes basses. Pour rejoindre le chemin de Brouage il faut traverser un grand village de pêcheurs appelé le Port des Barques, dont les embarcations sont échouées sur la vase. Il fait nuit noire quand j'atteins enfin la ville morte.

Dès le jour j'ai parcouru Brouage, j'ai gravi les remparts, franchi les ruisseaux fangeux de ce qui fut des rues et me suis imprégné de cette mélancolie qui pèse sur « la ville et païs de Brouage », comme disent les titres des anciens gouverneurs. Aussi intéressante que peuvent l'être Aigues-Mortes, Avignon, Carcassonne et le château de Pierrefonds, ce précieux et unique joyau de l'art militaire de Louis XIII est le pendant militaire de Richelieu, cette autre ville créée par le cardinal et dont les palais majestueux servent si étrangement de cadre à la vie mesquine d'une cité de 3,000 à 4,000 âmes[1]. Plus que celle-ci encore, elle a un caractère de mélancolie et de ruine.

---

1. Voir la 1re série du *Voyage en France*, chapitre XIX, page 220.

Quand on vient de Rochefort, par ces terres basses que traverse la Charente, où l'uniformité lugubre des marais est rompue par les lignes heureuses des anciennes îles de la mer de Saintonge, devenues monticules au sein d'une petite Hollande, Brouage apparaît au loin, entre les marais salants et les pâturages, comme un bosquet d'ormeaux couchés dans le même sens par le terrible vent de nord-ouest. A mesure qu'on avance, les remparts gris se montrent, carré presque parfait de 400 mètres de côté à peine, avec un bastion aux angles et un autre sur chaque front. Au sommet des bastions, des échauguettes de pierre, quelques-unes ruinées, d'autres encore couronnées de leur toit pyramidal, se profilent, donnant à la masse un caractère de grâce et d'élégance. Les embrasures-barbettes s'ouvrent, séparées par des parapets de briques rouges encadrées d'un cordon de pierre blanche. Ce simple détail donne la date de l'œuvre; en dépit de l'appareil guerrier de l'ensemble, on se trouve transporté à l'époque de la place des Vosges et du pavillon central du château de Versailles. Les remparts de Brouage en ont toute la solide et exquise élégance.

Elle donne une impression singulière, cette petite forteresse perdue au milieu de la morne étendue du marais, dans ces indécis horizons où la mer tumultueuse se confond avec son ancien fond, lentement exhumé, et devenu océan de grasses prairies coupées de chenaux sans nombre, salines ou réservoirs. Çà et là, sur les anciennes îles ou sur les antiques péninsules, de gros villages blancs, de hautes flèches d'église. A l'ouest, se dressent des monticules nombreux, ce sont les dunes de Saint-Trojan, dans l'île d'Oleron ; puis une sorte d'édifice infernal, noir, rond, trapu : le fort Boyard, perdu en mer ; un donjon accoté d'une svelte tourelle : le fort Chapus. Paysage étrange qu'on ne saurait oublier quand on l'a vu une fois.

Le rempart est à peine dominé par quelques cheminées et un humble clocher d'église. La route le traverse par une brèche dans la courtine, près d'une porte de style très pur, ayant conservé ses corps de garde voûtés, ses meurtrières et, au-dessus de l'attique, un écusson rongé par les rafales. Cette entrée de forteresse, malgré son abandon, est charmante ; quelques détails sont des merveilles ; il y a là un pilastre ionique d'une grâce indicible. L'architecte de Brouage, l'illustre d'Argencourt, n'était pas seulement un savant et habile officier du génie, c'était encore un artiste et un homme de goût. Ce n'est pas lui qui nous aurait dotés de tant de casernes banales et... Restons au xvıı° siècle.

Le rempart est franchi. Nous pénétrons dans la grand'rue, large, mais courte, bordée de maisons basses, indignes même d'un village. Voilà ce qu'est devenue l'œuvre de Richelieu! Encore ces maisons sont-elles blanches et propres ; quant aux rues transversales, ce sont de larges pelouses de trèfle et de gazon, au milieu desquels un ruisseau court lentement. Prenez garde de marcher sur ce tapis vert, il recouvre une vase perfide où le pied peut disparaître. Ces ruisseaux vont au rempart, où un fossé intérieur, plus large, les recueille pour se diriger au dehors par un égout à demi obstrué. Le rempart surgit au-dessus de ce petit marais ; sa muraille blanche, dorée par le soleil au couchant, est rongée par le vent, comme si les pholades s'y étaient mises. Dans les fentes, le lierre, les pariétaires et les giroflées se sont accrochés. Au-dessus, les ormeaux, secoués par l'âpre bise, se courbent et gémissent. Çà et là, des détails charmants. Des casemates éclairées par de gracieuses fenêtres à meneaux, dans lesquelles on pénétrait par des escaliers en hélice, recouverts par une voûte en coquille, placés de chaque côté. C'est d'un effet exquis. Ces casemates s'en vont en ruines. Je me suis assis sur un rebord de fenêtre, et la pierre a oscillé et roulé dans le fossé. Dans un de ces abris, une voûte inférieure s'est effondrée.

Des escaliers donnent accès sur la plate-forme. Ce qui fut une ville apparaît comme une vaste ruine. Des maisons ont disparu, leurs assises recouvertes d'un manteau de lierre servent de clôture à d'humides jardins ombragés de figuiers et de lauriers. C'est navrant et pittoresque à la fois.

Le front des remparts, vers la campagne, s'en va aussi pierre à pierre ; les embrasures se dégradent, les arbustes ont crû dans les interstices, un véritable manteau de chênes verts, de lierre, de fusains, d'ormeaux nains le recouvre. Au delà s'étendent les marais sans fin.

Si exiguë que soit l'enceinte, elle est encore trop grande pour la population. Voici une vigne, luxuriante, aux ceps bien alignés, plantés dans ce qui fut le boulevard militaire, près d'une poudrière abandonnée qui ressemble à toutes les poudrières des anciennes places, mais elle a un fronton sculpté et orné d'attributs ; des contreforts, d'une courbe gracieuse, l'entourent, en font comme un cloître d'abbaye et lui donnent un certain caractère. Le mot artillerie, inscrit avec les caractères hiératiques de cette arme, et un paratonnerre dont la chaîne plonge dans une citerne pleine d'eau claire, tranchent brutalement avec l'heureux aspect de l'édifice.

Au delà du rempart méridional est un chantier de démolitions. Les pierres retirées des murailles et des bâtiments y sont découpées en moellons ! On les a retirées de la porte de Marennes, éventrée pour faire place à la route. Ce coin des fortifications a conservé intacts ses embrasures et son élégant parapet de briques rouges. Les démolisseurs se sont heureusement arrêtés au mur de la poterne et nous ont conservé un document militaire curieux. Ce grand pan de pierres de taille a de tout temps servi aux hommes du poste pour tuer les ennuis de la garde. Depuis deux cent trente ans Lafleur et La Ramée, Dumanet et Pitou en ont fait leurs tablettes, monument unique et original que la « Sabretache »[1] devrait faire photographier et reproduire. Il est à regretter que tous n'aient pas mis une date à leur œuvre lapidaire, ce serait bien plus curieux encore.

Les grandes pierres blanches et lisses de Saint-Savinien et de Taillebourg, faciles à graver au couteau, disparaissent sous les inscriptions. Celle

---

1. La « Sabretache » est une société de militaires, de savants et d'artistes qui recueille et publie tous les documents curieux relatifs à l'armée.

qui m'a paru la plus curieuse doit être un nom de régiment, Lionnois, suivi du nom Lagrois, 1664 ; une autre, en magnifiques caractères, pourrait être prise pour une inscription romaine par la netteté et la régularité des lettres :

GVILLAVME INGER 1666

Inger ! ce nom allemand doit être celui d'un homme des troupes étrangères au service de la France.

Un coq, tracé avec un soin qui montre combien les rondes devaient être rares à Brouage et de quelle tranquillité on y jouissait, est précédé de ces mots faisant sans doute allusion à un calembour sur un nom de troupier (Coq ou Le Coq) :

DIEV TEREGARDE

Sur une autre pierre, quelque officier du génie a tracé un plan de Brouage.

D'inscription en inscription, nous arrivons aux troupiers modernes. L'un d'eux a voulu montrer l'ardeur de ses sentiments :

JEME LE 75° REJIMEN
MATTEL

Sans doute : « J'aime le 75° régiment. »

Puis viennent en foule des noms et des numéros de corps, les plus récents sont le 91e, le 6e et le 50e de ligne.

On ne s'arrache pas sans peine à cette muraille de corps de garde, où des milliers d'humbles troupiers ont marqué naïvement leur foi, leur patriotisme ou... leur désir d'être de la classe. On revit là, devant ces embrasures veuves de leurs canons, et ces murailles désertes, la vie de près de trois siècles de l'armée française. Celui qui aura la patience et le temps de recueillir toutes ces brèves notules rendra un service signalé aux amis de l'armée. J'ai essayé de le faire; la bise était si âpre que je n'ai pu écrire longtemps... et j'ai failli être pris pour un espion. Voici la chose :

La présence d'un étranger à Brouage, en cette saison, est faite pour étonner une population un peu privée de distractions. On ne m'avait pas vu un crayon à la main devant la porte de Marennes, sans me supposer de noirs desseins. J'ai mis le comble à l'inquiétude en examinant l'église, antérieure à Richelieu, à en juger par les fenêtres de gothique fleuri, et qui possède un beau cadran d'horloge gravé sur pierre, les heures en relief. Puis je cherchais à entrer pour lire la pierre tombale de haut et puissant messire Claude d'Assigne, chevalier, seigneur marquis de Carnavalet, dont le nom est demeuré à l'hôtel où Paris abrite ses reliques historiques. Enfin n'ai-je pas contemplé la colonne de marbre supportant une sphère et armée d'attributs marins, élevée à la mémoire de Champlain, le fondateur de Québec, né à Brouage vers 1608 ? N'étais-je pas monté sur le rempart de l'Est, n'avais-je pas pénétré dans les échauguettes pour voir, à travers les meurtrières et les barbacanes, le mélancolique « païs de Brouage » ?

Pour comble, est-ce que je n'avais pas contemplé l'ancien arsenal du magasin aux vivres, si vaste au milieu d'une immense cour herbeuse, à la porte surmontée encore de deux bombes ? Est-ce que, le crayon à la main, je n'avais pas lu d'autres inscriptions où toute la garnison moderne, de 1860 à 1886, a inscrit ses noms, où Goduchau côtoie Biraux, où Couvrechel est entre Jangirard et Denneulin ? Est-ce que tous ces numéros matricules, ces grades, ces indications de classe ne sont pas de graves révélations stratégiques ? Bref, je fus poursuivi et atteint par un brave homme à moustache grise, allure de sous-officier rigide, qui m'offrit de me faire visiter l'arsenal. Une fois dans la cour, il me questionna et me dit :

— J'ai le droit de faire visiter, mais aussi celui de vous demander votre nom.

Toute issue était fermée, Brouage était bien gardé : il y avait, dans la cour, un cheval et un homme coupant le lierre des remparts ; il fallut m'exécuter et donner ma carte. Puis on me reconduisit hors de l'arsenal — que je n'avais pas visité.

Mon guide forcé est, paraît-il, un garde d'artillerie en retraite, qui a acheté l'arsenal. Il m'avait pris pour un espion.

Mais j'ai su par lui, et à son insu, quels dangers menacent ce joyau militaire et artistique qui a nom Brouage. Depuis 1886, la place est abandonnée par la guerre. La petite garnison qui gardait les magasins de poudre a rejoint Saintes. Tous ces bâtiments d'heureux aspect et qui contrastent tant avec les bâtisses du génie moderne ont été vendus à prix dérisoire : ils peuvent tomber sous le marteau ; déjà l'œuvre de dévastation est commencée. Les remparts ont été cédés pour une somme insignifiante à la commune d'Hiers-Brouage (700 habitants), à la condition de replacer chaque arbre qui dépérit, afin de parer à l'insalubrité du climat ; mais on n'a rien prévu pour le monument lui-même ; on n'oblige pas la commune à remettre chaque moellon éboulé, et il s'en éboule ! Si l'on n'y prend garde, notre siècle, qui a restauré avec un soin si jaloux les remparts d'Aigues-Mortes et d'Avignon, les murs de la cité de Carcassonne et tant d'autres précieux édifices militaires du moyen âge, laissera stupidement s'en aller, pierre par pierre, l'unique spécimen d'une époque héroïque où l'art militaire ne dédaignait pas de faire appel à l'art sans épithète et obtenait, par cette association, d'heureux effets esthétiques. Il fallait classer Brouage parmi les monuments historiques et non l'exposer à la ruine en le remettant aux Domaines.

Les batteries et les forts créés à tant de frais dans les îles seront, en temps de guerre, armés par des artilleurs qu'on devra faire venir de Bayonne et qui déjà, chaque année, viennent de Bayonne faire leurs tirs. Pourquoi ne pas maintenir à demeure ces troupes dans une ville à proximité des batteries? Brouage est là, suffisamment vaste, avec des bâtiments bien compris. Il a contre lui son insalubrité estivale, mais, en été, les artilleurs font leur tir; ils armeraient alors les forts des îles et des côtes. On sauverait Brouage de la ruine en le faisant entretenir et on aurait accompli une réforme dont il importe de faire ressortir la nécessité.

Ce sera double profit. On n'aura plus ce spectacle d'un pays abandonnant un de ses monuments les plus curieux et négligeant sa sécurité.

Maintenant quittons Brouage, ses rues en ruines, ses amas de pierres retirées d'édifices démantelés, où le granit rose de Bretagne et les micaschistes étincelants se mêlent aux calcaires blancs et ternes de la Saintonge, les débris étranges de ses rues — comme ce fragment de moulin à

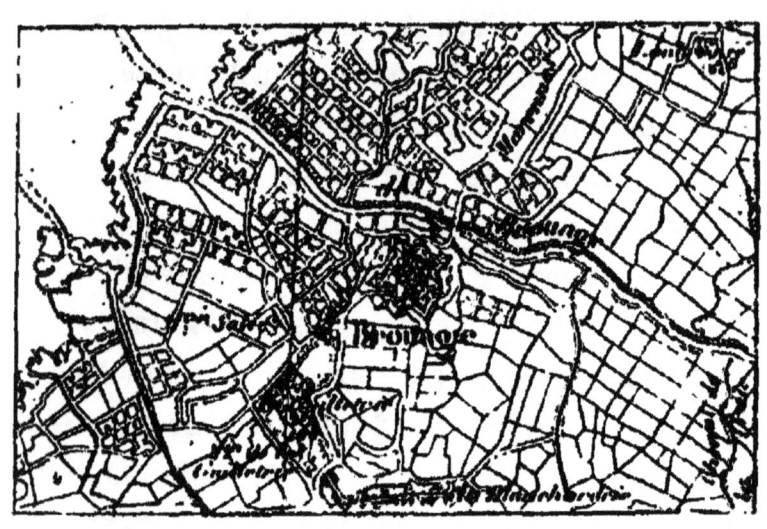

ILE DE BROUAGE.

D'après la carte de l'état-major au $\frac{1}{80,000}$.

poudre qui gît dans le gazon. La petite ville s'efface et se confond avec les autres tertres boisés qui surgissent de ces marais sans fin. A peine a-t-on traversé le canal profond, mais étroit aujourd'hui, qui fut le meilleur abri de ces mers sous le nom de havre de Brouage et déjà la forte-

resse a disparu. Ce pauvre hameau perdu dans
une enceinte exiguë fut un port célèbre, rival de
la Rochelle qui, pour le ruiner, y fit échouer
vingt bateaux chargés de pierres. Aujourd'hui
Rochefort est devenu, de par Colbert, ce que
Richelieu rêvait pour Brouage, et la Rochelle
continue à prospérer. Il reste à Brouage son
caractère de Pompéi militaire du xvii° siècle,
d'une époque heureuse à la fois pour la science
de la guerre et pour l'art. Mais l'heure n'est pas
loin, si l'on n'y prend garde, où tout cela aura
disparu, comme ont disparu près d'ici les cités
de Chatelaillon et de Montmélian sous les flots
de la mer ou la cité d'Anchoisne sous les sables
des dunes d'Arvert.

VI

L'ILE DE RÉ

De la Pallice à Rivedoux. — Sainte-Marie et ses vignobles. — La Noue. — Rivedoux. — La Flotte. — La capitale de Ré, Saint-Martin et ses édifices. — Le Bois et ses dunes. — La pêche. — Récolte du varech.

Saint-Martin-de-Ré.

Le charme du petit archipel saintongeois est son absence de banalité et le contraste présenté par les diverses terres qui le composent. Si la mignonne île d'Aix, toute couverte de forts, n'a aucun des caractères de la grande île d'Oleron, celle-ci ressemble fort peu à l'île de Ré, elle est aussi massive que Ré est déchiquetée. Les Oleronnais sont répandus dans plus de cent hameaux répartis entre six communes, tandis que les Rhétois ont groupé leurs demeures en bourgs et en villes presque sans banlieue. Aussi, malgré la densité plus grande de sa population, malgré sa culture intensive, Ré paraît plus solitaire et incomparablement moins intéressante qu'Oleron.

Il faut huit jours pour visiter cette dernière île, on peut à la rigueur connaître Ré en moins d'une journée. Parti ce matin de la Rochelle, j'ai déjà visité à pied la moitié de l'île, la partie la moins curieuse, il est vrai.

Pour cela il faut se détourner de la route ordinaire des touristes et dédaigner les beaux petits vapeurs qui relient la Rochelle à la Flotte et à Saint-Martin. Ils ne peuvent se mettre en route qu'à la pleine mer; la marée était haute aujourd'hui à deux heures de l'après-midi, et dès neuf heures du matin j'avais pris pied sur le débarcadère de Sablanceaux.

Un petit canot à vapeur fait le service du courrier, quel que soit le flot, entre le nouveau port de la Pallice[1] et la pointe orientale de l'île de Ré. Jadis on partait d'un petit havre situé plus au nord et appelé la Repentie, où un embryon de jetée abritait le bateau. L'avant-port de la Pallice, desservi par le chemin de fer, offre un embarquement plus commode : la traversée est de trois kilomètres à peine. En quelques minutes cette distance est franchie, on atteint à un débarcadère en planches et madriers.

---

[1]. Dans la série du *Voyage en France* consacrée à la région du Poitou et du bassin de la Charente, nous parlerons de la Rochelle et de la Pallice.

L'arrivée est peu engageante, la pointe des Sablanceaux est aride et dominée par la masse d'un fort qui commande le passage, mais après quelques pas l'aspect change : on aperçoit une campagne très verte ; entre les cultures et une

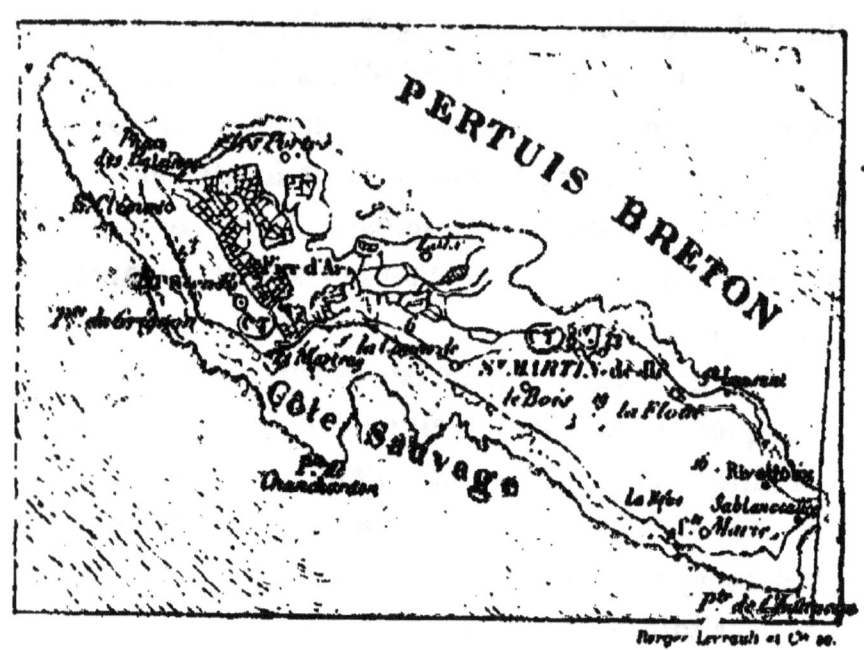

L'ILE DE RÉ.

D'après la carte de l'état-major au $\frac{1}{320,000}$.

baie harmonieusement dessinée le petit port de Rivedoux aligne ses maisons blanches et roses au bord de la mer. Le village dépend de la commune de Sainte-Marie dont on aperçoit, au loin, l'élégante flèche d'église.

En route pour Sainte-Marie. J'ai fait jadis ce chemin par une plaine qui était un des plus opulents vignobles du monde. Hélas! aujourd'hui le phylloxéra a passé par là, les vignes sont plus rares, de larges espaces ont été transformés en champs et en prairies. L'île y a gagné en variété, par l'opposition des teintes et la variété des cultures, mais il doit y avoir perte de richesse.

La moisson est terminée, tous les chemins qui aboutissent à Sainte-Marie sont transformés en aire où les fléaux tombent en cadence. La terre a une telle valeur ici, elle est soumise à une culture si active, qu'on ne veut pas en dérober une parcelle pour les travaux du battage. Les routes macadémisées offrent des aires commodes. Dans les rues, sur la place, partout on travaille au dépiquage avec une sorte de fièvre.

Le bourg est charmant de propreté, ses maisons d'un blanc éblouissant bordent d'étroites ruelles rayonnant autour de l'église dont le haut clocher sert d'amer aux navigateurs. Les maisons se prolongent au loin sur les étroits chemins blancs qui rayonnent autour de Sainte-Marie; elles forment une rue presque continuelle jusqu'au village de la Noue, peuplée de 700 habitants et qui fait partie de la commune de Sainte-Marie. La Noue, dont le nom veut dire ruisseau ou fontaine, est en effet sur un lit de ruisselet qui s'est creusé un semblant de vallon, le seul de l'île. C'est un bourg propre, d'apparence prospère, mais assez banal. Je le quitte pour gagner l'intérieur de l'île par des chemins qui montent doucement à l'un des points culminants. Il y a ici un renflement du sol qui s'élève à 16 mètres au-dessus de la mer et d'où l'on découvre toute la partie orientale de Ré, du pertuis Breton au pertuis d'Antioche. C'est un vaste plateau, s'inclinant de toutes parts à la mer par des pentes douces. Pas de maisons, pas d'arbres, partout des cultures et des vignes. On ne voit pas un coin de terrain inculte, les petites zones sablonneuses qui jadis faisaient tache ont disparu ; comme elles sont réfractaires au phylloxéra, on les a plantées en vignes.

On ne saurait trop admirer l'énergie déployée par la population rhétoise dans sa lutte contre le fléau. Celui-ci a fait son apparition il y a quinze ans, vers 1879 ; à ce moment le vignoble comprenait environ 4,000 hectares, dont la moitié plantée dans des sables, le reste dans des terres argilo-calcaires. C'était plus de la moitié de la surface totale, puisque l'île compte 7,389 hectares seulement. Les ravages de l'insecte ont détruit pendant ces quinze années un millier d'hectares dans les terres. Grâce à leurs ressources et à leurs économies, les habitants ont replanté dans les sables une quantité de vignes équivalente à celle qu'ils avaient perdue. Les deux cépages favoris, Folle blanche et Folle noire, couvrent aujourd'hui des sables jadis délaissés à cause de leur éloignement des villages ou de leur apparente stérilité. Ces terrains, grâce à une abondante fumure de varechs et à des soins continus, ont donné des résultats merveilleux, le rendement des nouveaux vignobles atteint presque celui des terres ; dès maintenant on peut considérer que la perte a été récupérée, la quantité de vin est ce qu'elle fut jadis. Bien plus, l'île y a gagné 1,000 hectares de champs de culture ; au lieu de constituer une perte sèche comme sur le continent voisin, le phylloxéra a plutôt enrichi le pays en activant encore l'esprit travailleur du Rhétois. Le vin demeure, comme par le passé, leur principale richesse : il entre pour les cinq sixièmes dans le rendement général du sol, le reste étant fourni par l'orge, les pommes de terre et un peu de luzerne.

Mais quelles cultures lilliputiennes ! Ici plus encore qu'à Oleron la propriété est morcelée, il y a des « vignobles », des « champs » et des « prairies » artificielles d'une superficie invraisemblable, parfois deux mètres carrés ! Pour les cultiver, les propriétaires viennent souvent de l'autre extrémité de Ré, de 15 ou 20 kilomètres. Et comme la population ne cesse de s'accroître, comme chaque héritier veut, en héritage, sa part de chaque parcelle, on se demande à quelle étendue seront amenés, dans cent ans d'ici, ces domaines déjà si exigus.

Un sentier à travers les vignes conduit au fort de la Prée, bicoque plus pittoresque que menaçante où l'on retrouve la route. En face sur la pointe des Barres, apparaît un édifice en ruines, fort pittoresque d'aspect, mais très bizarre par la peinture noire dont il est en partie revêtu. Ce sont les restes d'un des plus vieux monuments de l'île, du plus vieux peut-être, l'abbaye de Saint-Laurent, construite au xiiᵉ siècle. Le toit de l'église a disparu ; à travers la muraille grise d'élégantes fenêtres ogivales s'ouvrent béantes. Campé sur la façade, se dresse un pignon aigu barbouillé de noir et regardant l'Océan. L'abbaye célèbre n'est plus qu'un amer pour signaler les abords de la Flotte. Du bord de la petite falaise on découvre un vaste paysage maritime, aux perspectives fuyantes, rendu plus profond encore par la vaste échancrure de l'anse de l'Aiguillon que prolongent les terres basses du marais vendéen. Malgré le grand soleil, ces horizons restent indécis et font éprouver une impression de mélancolie.

Aux abords de la Flotte, cette sensation s'évanouit : la petite ville est si joyeusement assise au bord de son petit port, ses maisons blanches ou d'un rose tendre se mirant dans le flot, les navires, de bien petits navires, dont les plus grands ne doivent pas jauger plus de 250 à 300 tonneaux, sont si nombreux, ils entremêlent si gaiement dans l'étroit bassin leurs mâts, leurs voiles et leurs cordages, que la tristesse s'envole. Cette nature prosaïque de la campagne rhétoise s'efface pour nous. C'est bientôt l'heure de la pleine mer, des navires sortent du port, d'autres voiles apparaissent au loin. Sur les quais c'est une activité presque fébrile, on roule des tonneaux de vin, on porte des ballots de varech. Les 2,500 habitants de la Flotte sont en grande partie marins et commerçants. La ville est quelconque, mais très propre. Sa prospérité doit être ancienne, à en juger par les belles proportions de l'église.

Après la Flotte, la campagne s'anime ; de chaque côté de la route, bordée d'ormeaux, on aperçoit de belles maisons. Au loin, les édifices et la citadelle de Saint-Martin semblent sortir d'une corbeille de verdure. La capitale de l'île doit à ses fortifications une vaste zone libre sur laquelle le génie militaire a planté des arbres. Dans cette terre nue c'est un vrai luxe, aussi Saint-Martin se présente-t-elle de façon charmante.

Si la ville n'est guère plus grande que la Flotte, elle doit à son rôle historique un aspect

ENVIRONS DE SAINT-MARTIN-DE-RÉ.

D'après la carte de l'état-major au $\frac{1}{80,000}$.

plus citadin; ses remparts, sa curieuse église aux allures militaires, ses vieux hôtels seigneuriaux, en font une métropole, petite il est vrai, où tout est réduit à des proportions fort menues. Son port, le meilleur et le plus important de l'île, comprend un avant-port, un port d'échouage et un bassin à flot, tout cela très vivant, très animé aux heures du flot. Les garçons d'hôtel, les voituriers, les commissionnaires, attendent l'arrivée du bateau de la Rochelle pour se jeter sur les voyageurs, tout comme dans une grande ville.

Saint-Martin a perdu beaucoup de son importance avec la longue période de paix dans laquelle s'est trouvé le pays. Jadis, aux temps héroïques de la Rochelle et de Brouage, la position de l'île était précieuse pour les belligérants. Au début du second siège de la Rochelle, celui que dirigeait Richelieu, Buckingham tenta un débarquement à Sablanceaux ; il fut repoussé, mais nous avions fait des pertes cruelles. Deux des victimes de cette affaire, les chevaliers de Thoiras, reposent dans l'église de Saint-Martin, près des anciens gouverneurs et du père de Mme de Sévigné, le baron de Chantal. Tout, dans la petite ville, rappelle ce passé belliqueux. La plupart des édifices publics ont servi à la garnison ou aux services militaires. Aujourd'hui les casernes sont trop grandes pour le bataillon qui les occupe et la citadelle, vaste et remplie de constructions, serait une ruine abandonnée si on n'avait songé à y installer le dépôt des forçats. C'est de là que partent pour Cayenne et la Nouvelle-Calédonie les individus condamnés à la transportation et à la relégation.

L'ensemble des défenses de Saint-Martin est le type de la fortification de Vauban ; les remparts, régulièrement bastionnés, forment un demi-cercle appuyé, à l'est, à la citadelle et, à l'ouest, à la mer. Deux portes s'ouvrent dans cette enceinte : la porte de Thoiras conduisant à la Flotte et la porte des Campani où passe la route d'Ars. Elles sont fort élégantes ces portes, décorées avec le goût de la belle époque de Louis XIV. Au-dessus de la route, ouvrant sur la campagne, un tympan encadre l'écusson royal entouré de faisceaux d'étendards. Dans le fronton, d'un goût sobre, apparaît l'image du Soleil, orgueilleux emblème du grand roi.

Les remparts de pierre grise plongent dans des fossés tapissés de gazon d'un vert intense. Aussitôt au delà on gagne la campagne, une campagne plate où la vigne et les champs alternent. Au fond apparaît un grand village, le Bois, une des neuf communes de l'île. Je viens de le parcourir. Il est, lui aussi, propre et prospère. Les chemins servent d'aire à battre le blé, grande occupation de la saison. Les voitures qui passent roulent sur les épis couchés sur le sol, elles aident ainsi au dépiquage.

Au delà du bourg se dressent des dunes en partie boisées, en partie couvertes de vignes. De leur sommet on découvre une grande partie de l'île, la haute église de Sainte-Marie et le fût élancé du phare des Baleines indiquant les limites extrêmes de Ré. Tous les villages sont en vue, formant de grosses taches blanches sur le fond vert de la campagne. Çà et là tournent avec lenteur les grandes ailes des moulins à vent.

Au sud s'étend la grande mer, la *mer Sauvage*, les lames bondissent sur les roches basses. Au loin, on distingue vaguement Oleron, dominée par le phare de Chassiron. Ce bras de mer est le pertuis d'Antioche, du nom d'une ville qui aurait existé là où sont aujourd'hui les roches basses de Chanchardon. L'île de Ré semble, en effet, d'origine récente, c'est un lambeau de terre séparé du continent il y a dix ou douze siècles croit-on, et, depuis ce grand cataclysme, sans cesse réduit et rongé par la mer. Sans les travaux des ingénieurs on le verrait disparaître bientôt.

Le Bois n'a rien pour retenir longtemps le visiteur, je suis revenu à Saint-Martin au moment où rentre un chalutier dans le port ; il revient de la pêche au *germon*.

Le germon ? Voilà un poisson dont le nom ne dit pas grand'chose. Où a-t-on vu, acheté et mangé du germon à Paris ? Où ? Mais partout, chez tous les épiciers. Une fois préparé et conservé, le germon devient du thon et, qui plus est, du thon d'excellente qualité ! Mais ce n'est pas ici que l'on pêche ce poisson en plus grande abondance ; le matelot à qui j'ai demandé des détails sur cette pêche m'a répondu d'un ton qu'il voulait rendre narquois :

— Faut aller demander ça aux Grésillons !

— Les Grésillons ?

— Bédame oui, les pêcheurs de l'île de Groix.

Mon bonhomme de rire, croyant m'avoir éconduit ; mais j'irai, à Groix, comme j'irai dans les autres îles, où je trouverai enfin une population vivant de la mer.

Car les habitants des îles de Saintonge ont peur de la mer. Bien peu consentent à affronter les flots. Ils restent fidèles à leurs champs microscopiques et ne songent pas à courir l'Océan. Alors que les îles du Poitou et de Bretagne arment un grand nombre d'embarcations, il y a à Ré pour la grande pêche, telle que celle du germon, quarante et un bateaux seulement, montés par 194 hommes. La pêche côtière est un peu plus pratiquée, les bateaux employant le petit chalut — filet en forme de poche traîné sur le fond de la mer — sont au nombre de 95 avec 214 hommes d'équipage. En outre, la pêche à pied dans les « écluses » de la côte Sauvage, sur les bancs d'huîtres, sur les plages, est faite par les cultivateurs lorsque les travaux des champs leur en laissent le loisir. C'est ainsi que l'on a tenté l'industrie ostréicole sur une partie des côtes. Le fier d'Ars et la fosse de Loix y seraient très favorables. Mais Ré est moins riche qu'Oleron en établissements, on n'y compte que 2,040 parcs et 292 claires.

Le mouvement des ports de Ré n'en est pas moins fort considérable[1]; ce n'est qu'un commerce de cabotage, mais il est peu de ports de l'Océan où l'on ne rencontre des bateaux rhétois chargés de vin ou de sel.

En attendant le souper, je viens de faire un tour sur la plage qui s'étend à l'ouest de la ville. Elle est déserte, Ré n'étant pas encore une station à la mode. La mer descend, des femmes suivent le flot en fouillant le sable avec leur couteau pour chercher les palourdes, coquillage dont on est friand dans l'Ouest, et qui se tient dans une sorte de vase noirâtre et compacte au-dessous du sable.

---

1. Mouvement au cabotage des ports de l'île en 1892 : Expédition : Loix 329 navires, 6,424 tonnes ; Ars 784 navires, 18,712 tonnes ; la Flotte 1,814 navires, 40,617 tonnes ; Saint-Martin 2,001 navires, 65,719 tonnes ; en arrivage : la Flotte a eu 1,974 navires et 47,897 tonnes ; Saint-Martin 1,878 navires et 62,886 tonnes ; Ars 670 navires, 15,889 tonnes, et Loix 541 navires, 7,890 tonnes ; au total, entrées et sorties : 9,729 navires et 264,964 tonnes.

L'animal respire par des trous à peine perceptibles qu'il a pratiqués dans la plage ; l'œil exercé des pêcheuses les trouve très vite, mais les néophytes de cette pêche originale ont du mal à distinguer ces indices de tant d'autres dont la plage est émaillée.

La pêche ou plutôt la cueillette du varech est non moins importante ici qu'à Oleron. Sur tous les points de l'île on aperçoit des amas de « sart » ou de « goëmon » en pleine putréfaction, dont le parfum *sui generis* n'est pas particulièrement agréable, mais c'est à ces algues que l'île doit de pouvoir résister à une culture intensive, sans épuiser son sol. Plus attrayant est l'aspect des petites pelouses où sèche le *Fucus crispus*, ou carragheen, encore appelé mousse d'Irlande, mousse perlée, dont l'usage est considérable en pharmacie et dans l'industrie, même dans la cuisine ; j'ai déjà dit à propos d'Oleron que cette matière gélatineuse sert de base à bien des gelées du commerce. On en fait aussi des cataplasmes et un apprêt pour certaines étoffes. Dans l'île de Ré, la petite ville d'Ars est à la tête de ce commerce dont la valeur totale atteint une vingtaine de mille francs.

Qu'est-ce auprès du chiffre que représente le varech employé à la fumure des vignes et des terres ! Chaque année les cultivateurs, les femmes surtout, les « mégayantes », arrachent à la mer en recueillant le sart sur le rivage ou le coupant sur les rochers aux époques où cette moisson marine est autorisée, 50,000 tonnes d'engrais ou 50 millions de kilogrammes. C'est à cet engrais naturel, inépuisable, que Ré doit sa fertilité, c'est-à-dire les cinq à six millions que rapporte la culture du sol.

Dans le nord de l'île. — La Couarde. — Abus du badigeon. — Isthme du Martray. — Ars-en-Ré. — Saint-Clément-des-Baleines et ses phares. — Dans les marais salants. — État de l'industrie salicole. — Les Portes et le fier d'Ars. — Loix et son île.

Loix.

Le soleil s'est levé très chaud ce matin. Une buée lourde chassée de la mer pèse sur l'île. A peine fait-il jour et déjà l'on se croirait dans un bain de vapeur. Je voudrais cependant achever ma visite. En route donc, par la large voie bordée de moulins à vent, tours rondes couvertes d'un badigeon éblouissant. Leurs ailes tournent avec lenteur, comme si la grande chaleur du jour les fatiguait.

Le chemin se tient à une faible distance de la mer, en vue d'un vaste golfe où les eaux peu pro-

fondes sont salies par la vase. C'est la fosse de
Loix, qui se prolonge par les chenaux jusqu'au
fier d'Ars. Au delà de la fosse, large de près
d'une lieue, sur laquelle courent des voiles de
pêcheurs, on aperçoit la côte de Loix, basse et
plate. La route ne tarde pas à tourner vers le sud
pour gagner le gros bourg de la Couarde, situé au
pied des petites dunes qui bordent la côte Sauvage. La Couarde est, après Saint-Martin, le
centre le plus compact de l'île ; ses maisons sont
disposées géométriquement autour d'une belle
église moderne entourée d'arbres. Sous le soleil,
ces maisons d'un blanc éblouissant blessent la
vue. On affectionne décidément le badigeon dans
l'île. Édifices publics ou privés sont soigneusement passés au lait de chaux. La mairie de la
Couarde, très banal édifice à un simple rez-de-chaussée, qu'un haut portail surmonté d'un mât
de pavillon distingue seul des constructions voisines, dépasse celles-ci par l'éclat de sa blancheur.
C'est marché aujourd'hui, la place et les rues
commencent à être envahies par la foule. Les
costumes de femmes, très simples, mais très
variés, sont relevés par les couleurs éclatantes
des fichus et la blancheur des coiffes. Le type est
parfois sévère, rappelant les figures classiques
des huguenotes au temps des guerres de religion.

Il y a quelques années, l'île montrait encore d'immenses coiffes, hautes de cinquante centimètres, de largeur presque égale, formées de bandes de mousseline savamment enroulées. Un fichu de couleur s'ouvrant sur un corsage légèrement décolleté, un tablier à grands carreaux, de grandes boucles d'oreilles, des chaînes d'or complétaient un costume qui n'était point sans grâce. Il disparaît peu à peu devant les modes de Paris, du moins la grande coiffe n'est-elle plus portée que par de très vieilles femmes restées fidèles aux anciens usages. La coiffe actuelle est plus coquette et luxueuse.

Au delà de la Couarde, la route traverse des vignes et des champs au milieu desquels sont les petits hameaux des Prises et de la Passe. Mieux vaut longer la mer. Là, sous le cordon des dunes recouvertes de plantes odoriférantes, la plage présente un sable résistant. La vue s'étend sur la mer Sauvage grondant sur les roches en ce moment immergées de la Couarde et de Chanchardon. L'Océan sans limite s'étend sous les yeux. Au loin passent les navires, tout blancs de voiles, ou des vapeurs, laissant échapper des flots de fumée noire, qui vont en Gironde ou reviennent de la grande rivière.

Soudain les dunes cessent, la plage est interrompue par les talus d'un fort dominant les maisons blanches d'un petit hameau, bâti à l'abri d'une digue bordant la mer. C'est le Martray. Du sommet de la digue on découvre un spectacle inattendu. La digue, le fort et la route émergent seuls de l'eau, un immense bassin que nous n'avions pu voir jusqu'ici s'étend devant nous, c'est le fier d'Ars. Ses eaux battent la route du Martray, accolée à la digue, de l'autre côté la mer se lance à l'assaut de celle-ci. Sans la muraille puissante qui leur fait obstacle, les flots auraient emporté la mince langue de sable et coupé en deux la terre de Ré. Alors le courant rongeant les rives aurait rapidement diminué l'étendue du pays.

Le fier d'Ars, ou fief d'Ars, semble tirer son nom du mot scandinave fjord, devenu, dans notre langue, *fieur* et *fleur*, d'où Harfleur, Honfleur, Barfleur, et tant d'autres noms de lieux en Normandie. Mais il répond peu à l'idée que nous nous faisons d'un fjord : il est si peu profond qu'à mer basse il assèche complètement, sauf à l'entrée, large de 700 mètres à peine, où aboutit entre les vases et les roches un chenal conservant encore une profondeur de 2 mètres à 2^m,60. C'est là qu'attendent les navires en destination d'Ars et des golfes secondaires qui découpent si profondément, entre les salines, la pointe nord de l'île. L'aspect de ce vaste lac est superbe quand la mer le couvre, quand les embarcations le parcourent, mais lorsque la vase apparaît, il est presque sinistre.

Au delà du Martray, le paysage change. La route court entre les dunes, au-dessus desquelles plane le murmure incessant de la mer Sauvage, et les marais salants d'un charme si mélancolique et si étrange. Le damier des eaux miroitantes, encloses par les *bosses* ou digues d'argile couvertes de cultures d'orge s'étend à l'infini, coupé, çà et là, par les fjords secondaires du fier. Bientôt la route quitte la digue pour entrer dans des campagnes où les cultures de vignes et de blés sont couvertes de moulins à vent. Il y en a partout, tournant gaiement sous le vent de mer, avec un tic-tac rythmique. Devant nous une haute flèche dentelée à jour, très élégante mais peinte en noir à mi-hauteur pour servir d'amer[1] à la navigation. C'est l'église d'Ars. Il semble qu'on va l'atteindre et elle est encore à une demi-lieue, par un che-

---

1. On appelle amers des points de la côte faciles à reconnaître : rochers, groupes d'arbres, monuments, charpentes en bois ou fer, pyramides de pierre construites spécialement pour cet usage. Les amers sont peints en blanc, en rouge ou en noir afin d'être aperçus de plus loin.

min à peine ombragé, car les maigres tamarix ne forment çà et là que des bois minuscules. Ces deux kilomètres sont durs à parcourir sous le grand soleil. Enfin voici Ars ; la petite ville nous prête l'abri de ses maisons et la fraîcheur des nefs de sa belle église. Toute blanche, elle est d'un calme absolu, la vie est en entier sur le port où l'on charge les sels, les vins et la chaux que produit le canton.

Au delà d'Ars la route longe le pied de dunes où l'on commence à cultiver la vigne. Le bourrelet de ces petits monticules est fort large ici : il atteint près d'un kilomètre. Sur la dune littorale, un four à chaux et à ciment se profile avec des allures de forteresse. Toute cette région est triste, on atteint avec plaisir la Tricherie, début du long et insignifiant village de Saint-Clément-des-Baleines, qui allonge sur la route ses maisons basses réparties en quartiers : le Priveau, le Chabot, le Godinot, le Gillieux. Les auberges sont assez nombreuses à Saint-Clément ; les touristes se rendant au phare des Baleines y séjournent un instant.

Les Baleines sont en effet la grande attraction de l'île. Là, sur la pointe extrême, un petit bois, planté par le service des ponts et chaussées, précède la tour svelte d'un des plus beaux phares de

France. C'est un fût octogonal haut de 50 mètres dont l'élégance est admirable. Il s'élance au-dessus d'un bel édifice à un étage, aux allures de château. 227 marches donnent accès au sommet. L'escalier serpente autour de la paroi, sans vis centrale, donnant une impression de vertige. Mais de là haut la vue est splendide, elle s'étend, au nord, jusqu'aux Sables-d'Olonne; on découvre tout l'Aunis et le marais vendéen. Au pied du phare une vieille tour, drapée de lierre, surplombe la falaise, c'est le phare primitif.

La mer, qui a commencé à descendre, découvre peu à peu les rochers des Baleines qui se prolongent en mer par de dangereux récifs. Sur l'un d'eux, appelé le haut banc du nord, est un autre feu qui indique l'approche de ces dangereux parages. La portée n'en est que de 14 milles, tandis que l'éclat scintillant du grand phare atteint, grâce à l'électricité, 24 milles.

Du sommet, l'île présente un fantastique aspect avec ses rivages profondément découpés, ses golfes du fier d'Ars et de Loix et son immense manteau de vignes dans lequel les villes et les villages mettent des taches blanches. Mais les marais salants, surtout, attirent l'attention, leurs carrés d'eau laissent à peine une mince péninsule au village des Portes dont voici, à l'entrée du pertuis Breton, la blanche traînée de maisons.

Il a l'air tellement perdu, tellement à l'écart du monde, ce bourg des Portes isolé entre le fier d'Ars, les salines et la mer, qu'on s'imagine y trouver un peuple à part et des mœurs différentes du reste de l'île. En route donc pour ce petit finistère de Ré, en suivant le rivage jusqu'au point où la route l'atteint pour tourner brusquement à l'est. La mer a disparu ; on est entre les dunes, de petites dunes plantées de pins et appelées des *puts,* mot qui semble une corruption de puy. Du haut d'un de ces puts, on découvre une immense étendue de marais salants où les tas de sel blanc s'alignent d'une façon fantastique. A voir les choses à la surface, ce doit être pour l'île une richesse énorme que ces salines ; hélas ! c'est une industrie complètement ruinée et qui ne nourrit plus son homme. La concurrence des salines de l'Est et des salins du Midi lui a porté un coup funeste ; sans les qualités particulières des sels marins de l'Océan pour la salaison du poisson, il y a beau temps que l'on aurait abandonné complètement les salines de Ré, d'Oleron et des côtes voisines.

Cette décadence de l'industrie salicole semble presque irrémédiable, on ne reverra plus les bénéfices qui, avant l'exploitation des sels gemmes de l'Est, répandaient la prospérité dans l'Ouest. C'est en 1820 que les mines de l'Est ont été mises en exploitation ; elles ont marché à pas de géant, on peut dire que la plus grande part de la consommation intérieure leur est dévolue. Comme le font remarquer MM. les députés Delmas et comte Duchâtel dans une proposition de loi, « le sel de mine français, mis en regard du sel marin, est dans des conditions de lutte exceptionnellement favorables. Il s'obtient industriellement, mécaniquement. Il sort des chaudières pur et parfaitement blanc, tandis que le sel de l'Océan contient des impuretés et exige un lavage pour devenir marchand. La production du sel de mine est constante et continue ; la récolte du sel marin est, au contraire, limitée à quelques mois d'été et subordonnée aux caprices de la belle saison. »

Ce ne sont pas les seuls avantages du sel gemme. Il est exploité près des voies ferrées et peut donc facilement être transporté. De plus, disent encore MM. Delmas et Duchâtel, « les sels de l'Est et du Midi sont anhydres, tandis que les sels de l'Ouest sont déliquescents ; de telle sorte que les sels de l'Est et du Midi gagnent généralement du poids en route, tandis que le sel de l'Ouest en perd ». Cette perte atteint parfois 12 p. 100.

Il en résulte que ceux-ci paient des frais de transport et d'impôt sur une partie disparue.

Jadis les sels marins français devaient être seuls employés pour la pêche à la morue, aujourd'hui les pêcheurs peuvent s'approvisionner en d'autres pays ; cette nouvelle cause de concurrence a porté le dernier coup à une industrie qui faisait vivre 20,000 familles. A cette heure, les salines de l'Océan ont peine à nourrir les propriétaires des salines et les ouvriers qui prennent à ferme les marais.

Car, en Ré du moins, le propriétaire du sol n'exploite pas la saline, il cède l'exploitation à des sauniers de profession, moyennant le tiers ou la moitié du produit. En outre, les sauniers ont pour eux seuls le produit des étroites bandes de terre appelées *lèves* ou *bosses* qui séparent les bassins d'évaporation et sur lesquelles ils cultivent généralement de l'orge.

L'exploitation du sel varie beaucoup. Peu fructueuse les années pluvieuses et froides, elle donne de beaux produits les années sèches comme le fut 1893. Année moyenne, l'île de Ré peut produire 20,000 tonnes, valant 10 fr. l'une. Il est probable que la production restera stationnaire à cause des propriétés particulières des sels de Ré pour la salaison du poisson. « Les sels de l'Est et du Midi ont sur la chair du poisson une action corrosive, tandis que le sel de l'Océan, pénétrant mieux cette chair, lui conserve sa qualité. »

Les marais salants, à l'heure où je les traverse, sont en pleine activité. On récolte le sel dans les bassins, on coupe l'orge sur les bosses, orge de belle qualité, mais mêlée de roseaux dont on n'a pu purger le sol trop humide. Sur les chemins vont de petits ânes portant sur le dos les gerbes recueillies. Ces ânes sont étonnants : pour les préserver de la piqûre des insectes on leur a donné des pantalons, chaque jambe est enveloppée dans des restants de culottes, parfois différentes d'étoffes et de couleurs. Il n'y a pas de fripiers dans l'île, tous les vieux pantalons passent ainsi aux bourricots.

Le village des Portes est entouré d'un beau vignoble, réparti en une foule de parcelles, car les 900 habitants de la commune sont tous propriétaires. Les maisons commencent à la marge même des vignes ; le terrain a une telle valeur ici, que les habitations s'enchevêtrent, se pénètrent en quelque sorte au bord des rues étroites. Bien mieux, ne trouvant pas de terrain pour construire, beaucoup de « Portengualais » ont élevé un étage au-dessus d'une autre maison en payant un droit au propriétaire. Les maisons, comme à Bastia, appartiennent donc à plusieurs individus. Pas un seul jardin autour de la bourgade, il faut aller loin pour trouver d'étroits espaces où l'on cultive surtout de l'ail : l'ail des Portes est pour Ré ce que l'oignon de Saint-Trojan est pour Oleron, il a une réputation très grande qu'il partage avec l'escargot du pays. C'est le fond de la cuisine aux Portes et dans les villages voisins, complément naturel des « chaudrées » de poissons et de coquillages, sorte de bouillabaisse portengalaise. Du reste, la « chaudrée », dans toute l'île, est la base de la nourriture ; la viande est encore peu employée dans l'économie domestique.

Les Portes sont rapidement visitées. En route maintenant pour le fier d'Ars, par un chemin qui traverse la presqu'île du fier, entre les dunes et les marais. On se prépare déjà à la vendange, on nettoie et répare les *basses*, tonneaux pouvant contenir 40 litres qui serviront à porter le raisin au *treuil*, c'est-à-dire au pressoir. Dans les vignes, les femmes s'en vont cueillir de l'herbe, vêtues d'un jupon de laine rayé blanc et couleur, retenu à la taille par une sorte de bourrelet ; un corsage sans manches, appelé *justin*, enferme le buste, les manches de chemise, très amples et très longues, sortent du justin et sont repliées jusqu'au coude. La tête est abritée du soleil par un kiss-not, formé d'une feuille de carton en forme de demi-cylindre et enfermé dans une étoffe d'indiennes. Kiss-not, dit-on, vient de l'anglais et signifie *n'embrassez pas*, à cause de la difficulté d'approcher des visages ainsi armés. Par corruption, ce mot forgé par les Anglais pendant leur occupation de l'île, est devenu, dans certaines parties de la Saintonge et de l'Angoumois, *quichenotte* et *chenotte*.

Bientôt le pays se fait désert, sablonneux, couvert de pins rachitiques, particulièrement triste autour du feu du fier qui éclaire l'entrée de la passe. J'ai la chance de trouver ici une embarcation qui va me conduire dans l'île de Loix, seule partie de Ré que je n'ai point parcourue encore.

Le flot est assez élevé pour nous permettre de traverser rapidement le fier ; en quelques minutes j'ai atteint la berge d'une saline où, pataugeant quelque peu, je finis cependant par gagner le chemin de Loix. De nouveau je suis entre les marais salants, auxquels succèdent les vignes qui entourent le village. Loix ressemble aux autres bourgs de l'île par ses maisons blanches et serrées, mais il doit à l'ostréiculture et à la pêche une certaine animation. Son port, situé à l'extrémité

d'un chenal soigneusement tracé par dix balises,
a toujours de nombreux navires. De là part un
autre chenal sinueux qui relie la fosse de Loix au
Ier d'Ars et fait de la commune une île distincte,
peuplée d'un millier d'habitants.

J'ai employé la fin de la journée à parcourir
cette étroite terre de Loix, admirant le labeur
prodigieux de ces vaillants cultivateurs qui ont
su tirer d'un maigre sol battu par les vents des
vignobles d'une telle opulence et des champs si
fertiles. Quel bel exemple de ténacité donne ce
petit peuple rhétois qui a résolu le problème de
vivre sur une île aussi exiguë, où plus de 200 habitants couvrent chaque kilomètre carré et même,
en déduisant les marais salants, plus de 300 ! Aucune région en France, même le département du
Nord, si populeux et si riche, n'a une population
aussi dense.

La nuit est venue ; de la pointe du Grouin où
je suis allé au crépuscule, on aperçoit des feux
multiples éclairant ces passages jadis dangereux :
feux de ports aux lumières vertes ou rouges, phares
fixes ou scintillants tracent sur le flot apaisé la
route des navires.

De l'autre côté du golfe, les lumières de la
petite ville de Saint-Martin étincellent. Aucun

bruit autre que la houle se brisant sur les récifs. Comme on se sent loin de tout sur ce promontoire rongé des vagues, si étroit, si bas sur l'eau qu'on s'imagine parfois voguer sur la mer qui, de toutes parts, nous entoure !

Il faut rentrer à Loix et demain, au point du jour, reprendre le chemin de Saint-Martin où nous embarquerons sur le petit paquebot de la Rochelle. Je ne quitterai pas sans regret cette île de Ré qui, par son amour du travail, les qualités d'ordre et d'économie de ses enfants, semble condenser les qualités maîtresses de notre chère France !

VII

L'ÎLE D'YEU.

En chaloupe. — Arrivée à l'île d'Yeu. — Port-Joinville. — Poitevins et Bretons. — Saint-Sauveur. — La pointe des Corbeaux. — La côte Sauvage. — Une roche tremblante. — Le port de la Meule. — Au vieux château.

A bord de la Chaloupe (Ile d'Yeu).

Par malchance je suis tombé, pour venir dans l'île d'Yeu, sur un des deux jours où l'on profite des basses mers pour remplacer le vapeur postal par la « chaloupe ». Je ne me suis pas défié ; cependant l'expression de dédain chez les uns, de frayeur chez les autres, avec laquelle ce « la chaloupe » est prononcé, aurait dû me mettre en méfiance. Pour elle point d'horaire fixe, tout dépend des vents et des flots, plus changeants qu'ailleurs en cette entrée du goulet de Fromentine, si perfide avec ses bancs de sable.

Nous devions partir de bonne heure, mais il fallait attendre à la Barre-de-Monts la « chaloupe » venant de l'île. Dès le matin j'arpentais la plage à la pointe de Monts, cherchant des yeux la voile. Rien, sinon quelques barques de pêcheurs de homards, venues de Noirmoutier et tentant de gagner le large. Le soleil, d'abord voilé, s'est dégagé ; au loin, comme perdus dans l'Océan, sont apparus de fantastiques édifices : le fuseau blanc d'un phare, des maisons blanches entourées de verdure. Ce sont les parties hautes de l'île d'Yeu : le grand phare et le bourg de Saint-Sauveur.

Enfin une voile surgit de la mer, on la voit peu à peu grandir, mais il lui faut une heure pour gagner l'entrée du goulet, où elle louvoie longtemps avant de venir accoster à l'estacade de Fromentine. C'est une lourde chaloupe, ventrue, avec une cabine de quelques pieds carrés. Elle a débarqué le courrier de l'île, des paniers de poisson et, surtout, une montagne de bourriches d'où l'on voit sortir des antennes de homards et de langoustes. Les abords de l'île sont particulièrement riches en crustacés, leur pêche est une des grandes ressources du pays.

La marée baisse rapidement, découvrant une partie des bancs ; il faut partir sous peine d'échouer. On démarre, le courrier est mis dans la cabine et nous sortons du goulet. Mais une fois là, il faut sans cesse virer de bord. Toute cette zone est maligne ; partout des bancs invisibles et

d'autant plus dangereux. Pour se reconnaître dans
ce dédale, le pilote doit sans cesse consulter des
repères : balises, bouées, édifices de Noirmoutier. Une grande bouée rouge flotte au bout du
labyrinthe, on croit toujours l'atteindre, mais, à
chaque instant, on court une nouvelle bordée.
Enfin, nous avons dépassé le signal, on met le cap
sur l'île ; seul le pilote reste à son poste, le reste
de l'équipage, n'ayant plus à manœuvrer la voile,
fait un frugal déjeuner d'un morceau de poisson
sec et s'endort, bercé par le roulis. La mer est
douce, la brise légère ; on nous assure que, dans
deux heures, nous serons à Port-Joinville.

L'île apparaît. On voit d'abord surgir la tourelle d'un phare, puis des toits d'édifices, de hautes roches, des falaises boisées, les jetées énormes
du port. Et voilà que, tout à coup, le vent tombe,
pas un souffle d'air, la chaloupe reste en panne.
Peut-être faudra-t-il attendre une autre marée
pour entrer, me dit un insulaire, car la mer sera
bientôt trop basse. Et rien à bord comme provisions ; il faudra nous passer de déjeuner.

Heureusement une brise légère vient à souffler,
elle pousse vers le sud ; mais, en louvoyant, on
a l'espoir de gagner Port-Joinville. Déjà nous
voyons, sur la jetée, une foule d'habitants qui

attendent le bateau; enfin nous sommes entre les môles. Encore quelques minutes et nous descendrons.

Port-Joinville (Ile d'Yeu).

Ah! la curieuse petite ville, cette capitale maritime d'Yeu! Le port n'a pas de quais intérieurs, c'est une plage de vase et de sable, mêlés de coquillages, qui vient jusqu'au pied même des maisons, auxquelles de hauts perrons donnent accès. Une cinquantaine de grandes barques de pêche sont échouées, quelques-unes ayant leur pavillon tricolore, indice d'un départ prochain pour la pêche sur les côtes de Portugal. Une terrasse exiguë, plantée d'arbres, domine un des angles du port. Des rues étroites, bordées de maisons d'un blanc éblouissant, montent du port au plateau. N'étaient les toits plats en tuiles rouges, on se croirait dans un coin de la ville mauresque à Alger.

Port-Joinville s'appelait jadis Port-Breton, c'est le groupe de population le plus considérable de l'île; la plupart des habitants sont pêcheurs. Là résident les fonctionnaires, là sont installées les confiseries de sardines. Mais la garnison est à un kilomètre dans l'intérieur, dans une sorte de citadelle appelée fort de la Pierre-Levée[1]. Ce nom

---

1. Le fort vient d'être déclassé.

druidique n'a rien pour étonner, l'île est couverte de monuments celtiques. C'est, d'ailleurs, par son aspect, une terre bretonne.

L'île est longue de dix kilomètres, large de près de quatre. Elle a une forme assez compacte, contrastant avec celle des îles voisines, Noirmoutier ou Ré, longs pédoncules reliant des terres plus larges, basses et marécageuses. Yeu a des collines, des vallons, des ruisseaux, des landes et des terres fertiles, des vignes et des bois. Elle a donc le caractère qui manque à ses voisines. Elle mérite d'être visitée, plus que les autres, mais elle est la plus ignorée, le voyage est long et difficile.

A la première inspection de la carte, une chose frappe d'abord : les noms des lieux habités. Une ligne transversale, qui va de Port-Joinville au port de la Meule, sépare deux régions distinctes. Au sud, des noms bien français indiquent une émigration venue de la Vendée ou de la Saintonge : le Marais, la Couche, la Vieille, la Croix, les Martinières ; au nord-ouest, on rencontre des noms précédés du mot *Ker*, ce qui indique des centres de population bretonne : Ker-Borny, Ker-Gigoux, Ker-Arnaud, Ker-Chauvineau. Cependant les noms qui suivent ce mot Ker ont des consonances très françaises.

Il n'y a que deux centres un peu considérables dans l'île : Port-Joinville et Saint-Sauveur. Celui-ci occupe le point culminant. Son église, une vieille église romane, trapue, frappe de loin les regards.

La route de Saint-Sauveur longe la côte orientale au-dessus de roches basses, couvertes d'une herbe feutrée. Des jardins la bordent jusqu'à Ker Chalon, premier hameau de la route, au-dessus d'un étroit vallon où coule un ruisseau d'eau claire. La route s'élève alors sur le plateau, près d'un groupe de moulins à vent : le moulin du Calvaire, le moulin du Chiron-Ragon, le moulin Cassé. Un peu au delà, on atteint Saint-Sauveur, village aux maisons basses, séparées par des jardins où les figuiers dominent. La note grise des murailles contraste avec les maisons blanches de Port-Joinville. Ce village solitaire rappelle, par son aspect, quelques-unes des bourgades perdues sur les hauteurs de la côte de Provence.

Du coteau de Saint-Sauveur, on domine une étroite plaine, où les vignes et les champs cultivés alternent. Nous sommes loin ici des opulentes cultures de Noirmoutier; cette dernière île a des alluvions fertiles, accumulées par les flots; l'île d'Yeu n'est qu'un rocher de granit recouvert d'une mince couche de terre végétale. Là même où, comme dans la plaine qui s'étend au-dessous de Saint-Sauveur, il y a une certaine épaisseur de terre, les récoltes sont chétives : de l'orge, du seigle, des pommes de terre. C'est que l'agriculture n'est guère développée. Pour charrue on a des instruments invraisemblables, armés de débris de fer, provenant de navires et jetés sur le rivage par la mer. La flore particulière de l'île est parfois méridionale ; les asphodèles croissent partout.

La côte au-dessous de Saint-Sauveur est une suite de rochers de granit, pittoresquement amoncelés, et de plages où les coquillages abondent. De petites dunes s'élèvent ; sur les promontoires sont des batteries entourées de pins. Les pinèdes sont le grand rendez-vous de la population ; là viennent gîter les palombes. Ces pigeons passagers, des ramiers, se reposent dans les pins, on leur fait une chasse acharnée. Tout le monde, fonctionnaires, marins, cultivateurs, même le curé ont le fusil à la main pour aller à la chasse des pauvres oiseaux. Il semble qu'on ne saurait les détruire, tant les vols sont nombreux, mais les arbres, criblés de plomb, souffrent de cette fusillade ; ils s'en iront alors que les vols de ramiers continueront à s'abattre sur l'île.

L'île s'amincit pour finir par une étroite péninsule : la pointe des Corbeaux. C'est un entassement de roches superbes. Les blocs de granit, énormes, forment comme un cirque bordant une petite anse où sont amarrés quelques bateaux. Sur la pointe est un phare, entouré de maisons basses; elles semblent se tapir ras le sol pour échapper aux formidables bourrasques qui assaillent le promontoire extrême. Un chemin part de la pointe des Corbeaux pour se diriger vers le village de la Croix, par une lande rase où le vent fait rage. Triste d'aspect est cette partie d'Yeu.

Mais combien belle, d'une beauté effroyable et tragique, la côte qui regarde l'Océan! côte de Fer, comme on l'appelle en Bretagne, côte Sauvage, dit-on en Saintonge. Les roches de granit se dressent à pic à 30 mètres au-dessus du flot, leur pied est encombré de rochers éboulés, sur lesquels la mer se brise. Roche noire, semblable à de la lave, aux cassures nettes. L'anse des Vieilles présente un chaos formidable de rochers; sur une de ses pointes se dresse une antique construction presque informe. Au fond, s'ouvre un vallon frais, aux pentes herbeuses. Des ruines on a vue sur la pointe des Corbeaux, déchiquetée, hérissée, battue par une mer mugissante. Au delà des villages de la Croix et de la Martinière s'étend encore la mer, la mer de Poitou, bordée par les dunes basses du pays de Monts.

L'ILE D'YEU.
D'après la carte de l'État-major au $\frac{1}{80,000}$.

Sur cette pointe des Vieilles, au-dessus de l'*anse des Sots*, des cahutes basses, insérées entre des blocs, vraies demeures préhistoriques, servent d'abri à des pêcheurs de homards. Un treuil installé au-dessus de l'abîme leur permet de tirer leurs bateaux sur l'étroite grève, à l'abri des grosses mers. Rien de sauvage comme ces tanières, dont les insulaires doivent avoir hérité des Celtes qui ont peuplé le pays de menhirs et de dolmens.

Un de ces menhirs, près de la ferme des Chauvitelières, se dresse, seul debout au milieu d'une multitude de blocs renversés. Le plateau est semé de pierres, creusé de ravins où s'étendent des prairies étroites, arrosées par d'abondantes sources et tout émaillées de fleurs. La côte est de plus en plus déserte et rocheuse. De la pointe de la Tranche à l'anse de la Meule, la côte est plus farouche encore; sur la crête de la falaise, un amas bizarre de gros blocs domine la mer. L'un de ces blocs, semblable à un animal monstrueux, prêt à bondir, est une roche tremblante; la moindre pression suffit à la faire osciller. Ce n'est pas sans effroi qu'on voit l'énorme masse céder à l'impulsion qu'on lui donne, il semble qu'elle va rouler dans l'abîme en vous entraînant avec elle.

Près de là, sur les pentes d'un ravin profond,

sont des restes à peine visibles d'un village et une chapelle servant encore au culte ; au fond du ravin la côte apparaît, un véritable cirque creusé dans la falaise, se terminant, à l'abri du rocher, par une plage de galets. C'est l'unique endroit de la côte Sauvage où les bateaux de pêche puissent trouver un refuge. Mais on a dû créer un quai, un petit môle qui permet d'accoster. On appelle ce site le port de la Meule ; plusieurs pêcheurs de homards ou de langoustes y sont installés.

Un ruisseau assez abondant vient s'y perdre, il traverse un vallon couvert de petites prairies et côtoie une route bordée de maisons. Ker-Rahaud, la Meule, Ker-Arnaud, trois hameaux qui forment ensemble un village assez considérable, aux blanches demeures, aux jardins soigneusement entretenus.

Autour de Ker-Arnaud, vers la côte Sauvage, s'étend une vaste lande rocheuse. Je la suivais, sous un ciel gris. Tout à coup j'ai rencontré une longue ligne blanche, des morceaux de quartz jonchaient le sol, comme pour indiquer un chemin mystérieux. Était-ce un sentier de géants, remontant à l'époque des dolmens, des menhirs et des roches tremblantes ? Aucun savant n'a jamais parlé de chemins semblables ; Henri Martin, le dernier des Druides, n'a donc pas eu à les faire

classer parmi les monuments historiques. Hélas !
la découverte tourne à ma confusion. C'est, me
dit un pêcheur, une ligne de cailloux placée par
les soldats sur leur champ de tir, pour aider à
l'appréciation des distances !

En effet, voici la butte de tir, près d'une ruine
superbe, le Vieux Château qui servait, au moyen
âge, à la défense de l'île. Imaginez dans cet amas
de roches noires, percées de grottes et de failles,
sur une falaise formidable, comme faisant corps
avec le rocher, un castel fantastique. Trois tours,
dont une énorme, éventrées, déchiquetées, réunies par de hautes courtines à mâchicoulis. Le
pont-levis est tombé, les fossés, profonds, rendent
les ruines inabordables. Sur le plateau une seconde enceinte, à demi éboulée, défend les ap-
proches.

Au milieu de ces rochers grandioses, au bord
de la mer sans limites, ces ruines noires sont
d'une beauté terrible. Jamais Gustave Doré, à ses
heures d'évocation de sites lugubres et désolés,
n'a atteint à ce degré de grandeur tragique.

L'anse que dominent les ruines est la plus vaste
et la plus régulière de la côte Sauvage. Elle est
fermée, à l'ouest, par la presqu'île du Châtelet,
qui s'avance en mer comme un môle de géants.

Toute la côte, aussi loin qu'on puisse l'apercevoir, est une haute falaise, couverte par une lande horizontale d'aspect mélancolique.

La nuit venait, rendant plus fantastique encore la vue de ces ruines, de ces roches, de ces landes. J'ai regagné Port-Joinville par des chemins bordés de murs en pierres sèches qui préservent les champs de pommes de terre et d'orge des incursions du bétail. De ce côté les hameaux : Ker-Pissat, Ker-Poiraud, Ker-Doucet sont moins riants que sur l'autre versant ; pas d'arbres, des murs gris. Mais, sur une colline qui domine le plateau, un bois de pins apparaît. Au milieu de ce bois est la forteresse de Pierre-Levée, réduit central de l'île. Une petite garnison l'occupait, une section d'infanterie venue de la Roche-sur-Yon.

Le bois serait, pour la population, la promenade favorite, car il touche aux premières maisons de Port-Joinville, mais bien que le fort soit déclassé, l'autorité militaire en gardait jalousement l'accès, de crainte, sans doute, qu'on y trouble les ramiers. Le touriste lui-même était tenu à l'écart par la consigne ; il m'a fallu redescendre vers la ville, en passant près de l'insignifiante église du chef-lieu et de l'élégante tour carrée qui porte le petit phare.

Je rentre au port au moment où la mer est haute. Des fenêtres de l'hôtel on a une vue charmante. Dans le bassin tous les navires sont maintenant à flot. Près du môle qui sépare le port de l'avant-port, un élégant petit vapeur est amarré. C'est celui qu'a remplacé ce matin la chaloupe. L'animation est grande sur la grève, on embarque des ustensiles de literie, du pain, de la viande dans les bateaux prêts à partir pour la pêche sur les côtes portugaises. On assiste aux adieux. L'absence sera assez longue, il faut aller à la recherche du germon. Les pêcheurs de l'île d'Yeu sont les pourvoyeurs d'une partie des confiseries de Nantes.

Mais les autres barques ne donnent aucun signe de vie. Il paraît que la sardine boude encore ; aucune de ses bandes n'a été signalée. Il ne me sera pas donné d'assister à l'arrivée du poisson, de le voir cuire et mettre en boîte. On s'attendait cependant à une campagne active, de nombreuses ouvrières ont été demandées à Noirmoutier et sur le continent pour la préparation des sardines. Elles restent inactives.

Maintenant la nuit est venue. Les feux du port jettent sur la mer une traînée lumineuse. Le mince bourrelet de dunes du pays de Monts a disparu. La petite ville semble morte ; aucun bruit que celui des vagues brisant contre les môles, ou le gémissement des navires balancés par la houle.

Dans la Fouras. — Les confiseries de sardines. — État actuel de cette industrie. — Les chevaux d'Yeu. — Fabrication de la soude. — Au dolmen de la Gournaise. — Les Chiens-Perrins. — Du haut du grand phare. — Idées d'un insulaire sur le continent.

Ker-Difouaine (île d'Yeu).

Je n'avais vu de l'île que la partie où les noms français dominent, celle du sud, dont les habitants se disent *Gruzelands*, tandis que ceux du nord, dont tous les groupes d'habitation s'appellent *Ker*, sont les *gens de la Fouras*. J'ai achevé mon voyage ce matin. La partie du nord n'est pas aussi curieuse que l'autre ; elle est moins accidentée, plus cultivée aussi ; on y trouve moins de bétail et plus de chevaux ; moins de ruisseaux, peu ou pas d'arbres.

Dans un faubourg de Port-Joinville, s'élèvent les confiseries de sardines. Ce sont de belles usines, d'une exquise propreté, mais les hautes cheminées ne fument pas. Décidément, la pêche n'a pas donné. Je puis cependant me rendre compte du travail par la vue des ateliers où les sardines sont décapitées et vidées, où elles cuisent sur des grils de laiton dans d'immenses bassines pleines de pure huile d'olive, où on les met en boîtes, où ces boîtes sont soudées et emballées. Je devine aussi comment se prépare le germon, mais de quelques jours encore les ateliers seront déserts, j'espère être plus heureux à Groix.

Industrie bien aléatoire, celle-là ; la sardine ne donne pas chaque année. Tantôt elle affectionne nos côtes, tantôt elle cherche celles plus chaudes de la Lusitanie. Un moment même, après les mauvaises pêches de 1881 à 1885, on put croire que l'exode était définitif. De nombreuses maisons allèrent s'installer en Portugal ; on s'aperçut alors que rien n'était plus défectueux que la sardine portugaise ; elle est presque toujours grosse, de chair épaisse et longue. Fournir ce produit sous la marque nantaise, habituée à couvrir des produits de choix, c'était ruiner bénévolement notre industrie. Beaucoup ont donc abandonné leurs usines de Portugal, pour revenir se consacrer exclusivement à la préparation de produits français.

C'est pour l'industrie de Nantes une question de vie ou de mort. La concurrence déloyale, les produits frelatés venus du dehors, imposent à nos fabricants une loyauté absolue, s'ils veulent conserver leur réputation. En Portugal, les fabricants livrent leurs sardines de qualité inférieure sous des marques françaises, mais c'est de la sardine ; en Amérique les petits harengs jouent ce rôle, on les prépare à l'huile de coton ! La falsification est un peu cavalière.

Ce sont là des concurrences généralement mal connues. Ajoutons que le courant protectionniste actuel nous enlève la plupart des marchés. Sauf l'Angleterre, tous les pays nous opposent des taxes si élevées que les produits délicats de nos confiseries de poissons ne peuvent lutter contre les grossières préparations des Yankees et des Portugais. Ainsi le Portugal frappe nos sardines de droits variant entre 29 et 39 fr. et nous nous bornons à frapper les siennes d'une taxe de 10 fr. Il ne faut donc pas s'étonner, en voyant les débouchés se fermer de la sorte et les marques falsifiées de l'étranger venir chez nous, si les pêcheurs se plaignent du bas prix du poisson et les confiseurs de son prix trop élevé.

Dans ces conditions, la situation de notre population maritime semble bien difficile à améliorer. Les pêcheurs ont de très gros frais, notamment pour l'appât. Celui-ci, la rogue, coûte parfois jusqu'à 60 ou 70 fr. le baril de 125 kilogr. Or, il faut prodiguer la rogue pour attirer le poisson. Si l'on reste 10 ou 15 jours sans prendre une sardine ou si l'on n'en ramène que d'insignifiantes quantités, le bénéfice de la campagne peut être perdu d'avance. Il y aurait un moyen de réduire ces pertes au minimum, ce serait de s'opposer à la spéculation sur la rogue. Celle-ci serait bien payée à 15 fr. le baril ; mais les marchands suédois et norwégiens s'entendent pour faire hausser les prix. Un des grands fabricants de Nantes me disait qu'il n'y a qu'un moyen d'en arriver là, c'est de faire un accord entre tous les fabricants. Ceux-ci se syndiqueront pour l'achat de l'appât et fourniront sans bénéfice aux pêcheurs les 40,000 barils qu'on consomme chaque année. On pourrait ainsi livrer la rogue aux sardiniers moyennant 30 à 40 p. 100 de diminution sur les prix de ces dix dernières années. Le bénéfice réalisé par nos pêcheurs ne serait pas moins de 1,500,000 fr. par an.

Non seulement on ferait disparaître la concurrence des acheteurs de rogue, à qui on laisse toujours croire à la rareté de la marchandise, mais on pourrait veiller aux falsifications dont elle est l'objet. Cet appât est dénaturé par un mélange de farines et de tourteaux d'arachides qui nuit à la qualité du poisson, mélange très fermentestible pouvant faire perdre le produit d'une pêche. Toujours il communique à la sardine un goût désagréable. On voit, par ces réflexions d'un fabricant, que le sort des populations maritimes est un peu dans les mains des usiniers eux-mêmes. C'est là un des cas où l'on souhaiterait l'immixtion de l'autorité. On demande à celle-ci une prime à l'armement qui serait supportée par les contribuables, il serait plus sage de lui demander de s'employer pour faire cesser des rivalités dangereuses.

La situation des pêcheurs à You est assez précaire, au moins pour la grande pêche. Les bateaux appartiennent à des armateurs du pays : notaire, médecin, pharmacien, boulanger, etc., qui prélèvent pour l'armement 50 p. 100 du produit de la pêche. La part des « chalutiers » était, en 1891, de 348 fr. pour une campagne de 6 mois.

Je viens de croiser à l'embouchure du ruisseau de Ker-Pierre-Borny, dont le vallon est si vert et si gai avec ses saules, ses peupliers et ses tamarix, un de ces pêcheurs de sardines, mis aux invalides. Armé d'un immense râteau, il tire les varechs de la mer et en fait des monticules qui seront tout à l'heure transportés à l'abri de la marée, étendus sur l'herbe, séchés et mis en meules pour être incinérés. Ici, en effet, le varech n'est pas employé à faire de l'engrais, et comme les bouses et les crotins[1] servent à faire le feu dans les maisons, on s'explique l'apparence chétive des récoltes. Toute la côte qui fait face au continent est bordée de meules de varechs et de goëmons, qu'on brûlera pour vendre la cendre aux fabricants d'iode. Ces épaves de la mer, répandues dans les champs, en tripleraient la fertilité.

Dans cette région de l'île, on élève des chevaux en quantité, une variété spéciale, petites bêtes maigres, mais pleines de feu. Ce sont les chevaux qu'on rencontre aux environs d'Auray, en Bretagne. Il y a entre l'île d'Yeu et la rivière d'Auray un échange incessant de relations. De temps immémorial, les insulaires se sont rendus dans cette partie de la Bretagne pour y acheter des chevaux et des bêtes à cornes. N'est-ce pas là un indice que cette contrée de l'Armorique a fourni les colons du nord de l'île d'Yeu?

Les paysans reviennent des champs à cheval; ils ont un fusil en bandoulière pour la chasse aux palombes, sur l'épaule est leur faux ou leur trident. Cet équipage singulier rappelle assez les habitants des colonies nouvelles.

La côte, tournée vers le nord, est basse; des

---

1. Voir sur cet usage, page 202, le chapitre sur Noirmoutier.

rochers plats, des plages de sable grossier la bordent. Les tas de varech s'alignent sans cesse, les uns, énormes, destinés à l'incinération, les autres, plus petits, d'une algue particulière, recueillis pour le chauffage domestique.

Il y a, à la pointe de la Gournaise, un dolmen à demi détruit. Tout autour du vieux monument on brûle des varechs. Rien ne saurait rendre l'air misérable des gens qui se livrent à ce travail. Hommes et femmes sont vêtus de haillons ; les enfants, dont l'air de santé est superbe, s'en vont, à peine vêtus d'une chemise en loques, sur lesquelles d'innombrables mouchetures, produites par des piqûres de puces, disent assez la malpropreté des gîtes où ils doivent dormir. Ces êtres hâves, s'agitant autour du brasier, d'où monte une fumée épaisse, près de ces roches druidiques, en vue de cette côte tourmentée et inculte, font naître une impression de pitié profonde.

La côte, à mesure qu'on approche vers l'extrême pointe, se fait rébarbative, des roches s'éboulent dans la mer, mais elles n'ont plus ici le grandiose aspect de la côte Sauvage ; ce sont des blocs grisâtres entre lesquels coule un ruisseau d'eau claire, gagnant la mer. L'anse des Bochères abrite quelques bateaux de pêcheurs.

Un sémaphore est à cette extrémité de l'île. Des blocs qu'on dirait de neige sont semés aux abords : ce sont des morceaux de quartz pur. Ils ont donné leur nom à deux ou trois misérables masures : les *Cailloux Blancs*. De la pointe, où une batterie montre la gueule de ses canons, l'œil s'étend sur une immense étendue de mer A 1,200 mètres de la côte un rocher se dresse, battu par les vagues C'est un récif dangereux appelé les Chiens-Perrins ; on y construit un petit phare qui sera éclairé à la luciline au moyen d'appareils pouvant brûler jour et nuit pendant plusieurs mois, car l'îlot est inabordable pendant une partie de l'année.

La falaise est ici tapissée d'une herbe couverte de fleurettes roses qui semblent se cramponner au sol pour ne pas être enlevées par le vent de mer. Des chevaux errent en liberté sur cette lande nue où la terre paraît fertile, mais que les embruns condamnent à rester inculte. De ce côté, le grand phare est la seule construction qu'on rencontre.

Du haut de cette tour, dressée à 30 mètres au-dessus du plateau, à 54 mètres au-dessus de la mer, la vue est admirable. C'est là qu'il faut aller pour se rendre compte de l'aspect de cette curieuse terre, morceau de Bretagne placé en vue des basses plaines du Poitou.

L'île tout entière apparaît comme un plan dé-

ployé, un de ces plans du siècle dernier où l'on
représentait, à vol d'oiseau, les villes, les forêts
et les cours d'eau. C'est un immense tapis étalé
sur la mer, semé de taches grises qui sont des rochers et de traînées blanches qui sont des villages. Sur la tonalité générale de ce tapis d'un vert
sombre, les petites landes couvertes d'ajoncs mettent des teintes d'or et les champs de trèfle in-
carnat plaquent des notes vigoureuses.

Saint-Sauveur, couvrant son coteau, paraît au
centre du paysage, tandis que Port-Joinville est
presque à nos pieds ; ses toits blancs, ses phares
blancs, ses môles de granit lui donnent l'aspect
des petits ports de la Méditerranée.

Ce paysage est d'un calme profond ; sur les chemins qui sillonnent l'île on ne voit que de rares
charrettes ; toute la vie semble concentrée au port,
d'où les voiles blanches s'échappent. Mais tout
autre est le spectacle pendant l'hiver, me dit le
gardien du phare ; alors le vent est tel, les vagues
se brisent contre les roches avec une violence si
grande, qu'il semble que l'île, arrachée de ses
fondements, va être entraînée au fond de la mer.
Les vagues arrivent sur la crête de la falaise, des
paquets d'écume volent et dépassent parfois la
lanterne du phare. Nulle part les tempêtes n'ins-

pirent plus d'effroi que dans ces terres privées de communications avec le reste du monde.

Du grand phare, un chemin carrossable — il y a *un* carrosse dans toute l'île, vieille patache mise à la retraite sur le continent — conduit à Port-Joinville. Ici les hameaux sont plus nombreux, on traverse Ker-Mercier, Château-Gaillard et Ker-Pierre-Borny. Près de ce dernier village, plusieurs ruisseaux abondants prennent naissance ; c'est là que s'installent les lavandières, superbes à voir, revenant pieds nus, les bras relevés avec la grâce de statues antiques. Mais ne contemplez pas de trop près la statue, vous retrouveriez souvent les haillons de brûleuses de varechs.

Sur le port, au moment où je rentre, la jetée est fort animée. Les bateaux partis le matin à la pêche au homard viennent de rentrer. C'est une sorte de marché aux crustacés. De toutes les barques on sort, agitant furieusement leurs pinces et leurs antennes, homards, langoustes, crabes monstrueux d'horrible aspect. Des marchands achètent langoustes et homards, les mettent dans de grands paniers qu'on immerge dans le port en attendant le moment de les expédier à Paris.

Quant aux crabes, ils forment le fond de la nourriture dans l'île ; on ne saurait croire ce qui s'en consomme chaque jour.

Les crabes servent en outre d'appâts pour prendre le homard. On les écrase, on enferme leur chair dans des pièges appelés casiers qu'on va mettre au large ; le piège repose sur les fonds de roche ; les crustacés se promènent, en quête de proie, entrent dans les casiers et, le lendemain, le pêcheur relevant son panier s'en empare. Le nombre des casiers est si grand sur certains points autour de l'île que la mer semble couverte de menues épaves ; ce sont des flotteurs de liège indiquant l'emplacement des casiers [1].

Avant de dire adieu à l'île, je suis revenu sur ce plateau mélancolique de la Gournaise, d'où la vue s'étend au loin sur l'Océan sans que rien, bois ou coteau, arrête le regard. J'ai interrogé un vieux pêcheur de varechs, né dans l'île qu'il, n'a jamais quittée. Je voulais savoir de lui des légendes sur ce rocher d'Yeu, si curieux, d'un charme si intime. Il ne sait rien ; toute son existence, il l'a passée à pêcher dans la mer de Vendée ou à récolter le varech sur les plages et les récifs. Il

---

1. En 1890 on a pêché dans l'île d'Yeu 37,000 homards et langoustes, au moyen de 167 bateaux. La valeur de ces crustacés a atteint 48,000 fr. Le nombre des sardines avait été de 14 millions en 1880, il avait diminué de moitié en 1890 ; on a pris 387,000 soles, turbots, etc., en 1889 et la moitié de ce chiffre en 1890 ; on prend de 135,000 à 170,000 germons.

sait cependant que, pendant la lutte sur le continent, entre Bleus et Blancs, les Anglais se sont installés à l'île d'Yeu, comme pour en faire une forteresse contre la France. Mais en dehors de cela, il ignore tout de son île.

Aucune légende ne s'attache donc à ces ruines du château, à cette roche tremblante, à ces dolmens, à ces « doigts de géants » érigés sur les falaises ?

Il en sait moins encore sur ce qui se passe au delà de la mer. Pour lui, comme pour la plupart des insulaires de Noirmoutier, — car j'ai trouvé là-bas des gens ignorants des choses continentales, — il y a, sur le rivage qu'on voit de loin, des villes dont on raconte des merveilles. La Roche-sur-Yon, ville sans mer, tient une grande place dans leurs pensées. « Je connais *toute* la ville », m'a dit l'un d'eux avec fierté.

Ne sourions pas trop. Si les insulaires ne connaissent guère le continent, si la Roche-sur-Yon ou Fontenay-le-Comte sont pour beaucoup d'entre eux de grandes et merveilleuses cités, les îles sont encore moins connues sur le continent. Aussi l'île d'Yeu est-elle administrativement presque ignorée, les préfets n'y passent pas le conseil de révision, les recrues se rendent à Beauvoir-sur-

Mer, bien que l'île forme un canton peuplé de 3,279 habitants. A peine si une dizaine de baigneurs, attirés par la solitude et par le bon marché de la vie, viennent chaque année sur les jolies plages de la côte orientale. L'île mériterait mieux que cet oubli ou ce dédain. Ses sites charmants, ses sources, ses grands rochers en font une des plus belles de nos côtes. Si l'on donnait quelques conseils à ses cultivateurs, si on leur enseignait l'emploi de la chaux, indispensable à ces terres granitiques, ainsi que l'usage de la charrue et la culture raisonnée de la vigne, elle deviendrait bientôt un des joyaux de notre pays. Si nues et exposées aux embruns que soient ses falaises de la côte Sauvage, elles pourraient être boisées et abriter la zone des cultures contre les bourrasques. Tout est à faire dans cette petite terre de 2,247 hectares seulement. Nulle part on ne pourrait tenter avec plus de bonheur la transformation du sol.

L'île d'Yeu sera accessible quand la Barre-de-Monts sera un terminus de chemin de fer. Ce port sera réuni à Challans par une voie ferrée ou tramway. Jusqu'ici, la perspective de longues heures de voiture et l'attente dans le village rudimentaire de Fromentine n'ont rien de bien engageant. Dieu vous préserve surtout de la chaloupe : il est huit heures du soir et elle n'est pas encore signalée ; elle aurait dû arriver à midi. Si les provisions sont aussi absentes qu'avant-hier, le bateau doit présenter l'aspect du radeau de la Méduse.

VIII

L'ILE DE NOIRMOUTIER

A la recherche des sardines. — Saint-Gilles et Croix-de-Vie. — L'existence des pêcheurs. — L'eau-de-vie et sa prime. — De Saint-Gilles à la Barre-de-Monts. — Le pays de Monts. — Le goulet de Fromentine. — Noirmoutier. — Excursion dans l'île. — Le bois de la Chaise. — L'île du Pilier. — Le fumier combustible. — Le passage du Goua.

La Barre-de-Monts.

La sardine est un poisson capricieux. Tantôt on reste des mois sans la rencontrer, tantôt elle arrive près des côtes en quantité telle qu'on trouve avec peine à la vendre. Alors les usines ne peuvent arriver à les préparer toutes, les marchands de poisson n'osent en transporter trop dans l'intérieur, de peur d'avilir les prix, et le pêcheur reste sans ressources, bien que sa chaloupe soit pleine de poisson au point de risquer de sombrer.

On m'avait dit, à Nantes, la pêche en bonne voie. Je me proposais de visiter les petits ports de la côte où la sardine fait vivre tant de pêcheurs.

Aux Sables d'Olonne, j'ai assisté à l'arrivée de la flottille. Elle portait en tout ce jour-là une ou deux douzaines de poissons ! On disait les gens de Saint-Gilles plus heureux, je suis parti en hâte pour Saint-Gilles par la Roche-sur-Yon et Commequiers. Arrivé à Croix-de-Vie par un temps abominable, pluie et vent ; les deux villes jumelles de la Vie, Croix et Saint-Gilles, ont leurs rues transformées en torrent. De la fenêtre de l'hôtel, on entend la mer furieuse battre la côte, la Vie elle-même clapote.

Au matin le ciel est encore gris. Les pêcheurs, me dit-on, ne sont pas sortis, l'aspect de la mer n'annonce guère une pêche fructueuse. D'ailleurs il est dimanche. La petite ville est animée par le marché tenu sur le quai et autour de l'église. Les costumes sont curieux, il y a là tous les types du Marais. Mais peu de pêcheurs, sur le port creusé à l'estuaire de la Vie : j'en rencontre un groupe, assis au bord du quai, les jambes ballantes dans le vide. Le mauvais temps est une entrée en matière, bientôt les marins me font leurs confidences. Jamais, selon eux, les pêcheurs n'ont été aussi malheureux. L'an dernier le poisson était beau, mais les « confiseurs », c'est-à-dire les préparateurs de sardines à l'huile, étaient encombrés, ils n'ont pas acheté. En été ils ont demandé de la sardine, on a repris la mer, mais le poisson avait disparu. Cette année les confiseurs veulent acheter : le poisson a paru un jour ou deux ; depuis une semaine on n'en voit plus.

Une fois lancé dans les confidences, les pêcheurs me parlent de la loi sur le travail des femmes et des enfants. Elle a eu un effet désastreux là où elle est appliquée sérieusement. La sardine et la mer sont volages, les heures auxquelles on prend l'une et où l'autre permet d'entrer dans les ports varient. La sardine doit être préparée de suite, si l'on veut obtenir de bons produits. Si l'on arrive le soir ou la nuit, il faut aussitôt se mettre à l'œuvre. Or, la loi interdit le travail nocturne. De là, s'il y a un peu de zèle chez les fonctionnaires, des entraves pour l'industrie. Les plaintes à ce propos sont amères.

Saint-Gilles et Croix-de-Vie ont ensemble 3,200 habitants ; elles comptent de 600 à 700 pêcheurs, 130 bateaux de pêche et 11 usines à confire la sardine.

A Saint-Gilles les pêcheurs sont aussi laboureurs ; tous ont un bout de champ sur la colline et quelques pieds de vigne dans les dunes. Croix-de-Vie, bâtie dans le coude formé par la Vie avant de gagner la mer, est peuplée de pêcheurs sans autres ressources que la mer, aussi la misère est-elle grande parmi eux quand la sardine ne donne pas et lorsqu'ils ne peuvent s'engager sur les bateaux que des armateurs emploient depuis quelque temps à la pêche du gros poisson.

On ne peut s'expliquer comment ils vivent, me disait-on.

L'eau-de-vie est une plaie pour cette population. On la vend un franc le litre, un certain nombre de litres donnent droit à une prime, on boit pour avoir la prime, les femmes encore plus que les hommes, on devine ce que devient la moralité.

Les pêcheurs me racontaient tout cela d'un ton tranquille, sans se douter le moins du monde qu'il y eût quelque chose de navrant.

L'aspect de ces deux bourgs, assis en face l'un de l'autre au bord de la rivière à laquelle la marée donne des allures de fleuve, contraste avec ces récits. C'est un petit pays très gai, très vivant que ce coin de terre vendéenne.

Un autre pêcheur arrive ; il raconte que, la veille, les pêcheurs de l'île d'Yeu ont fait une pêche heureuse. Là seulement, paraît-il, je pourrai voir fonctionner les usines. En route donc pour Yeu, en passant pas Noirmoutier et le littoral vendéen. Je puis fréter un équipage, et me voilà parti à travers ce curieux pays du Marais.

C'est trente-cinq kilomètres d'une route qui menace d'être terriblement monotone. Jusqu'à Saint-Hilaire-de-Riez, on monte légèrement à travers les vignes, en dominant la vallée de la Vie et ses marais salants. Saint-Hilaire est un gros village entre la rivière et les dunes boisées. La route s'engage dans une immense plaine couverte de canaux, conquête faite sur la mer. Çà et là des dunes, restes d'anciens rivages, couronnées de moulins à vent, se dressent, isolées, au milieu de la verte étendue des polders. La route les longe parfois. Elles sont charmantes, ces dunes égarées dans les terres, avec leurs flancs plantés de vignes et les maisons bâties sur leurs pentes. Au pied de l'une d'elles sont les restes de l'abbaye d'Orouet.

Les paroisses sont d'une immense étendue. Dans ce pays où la foi s'est conservée, on tient à se rendre à l'église malgré la distance ; la route est remplie de paysans et de paysannes vêtus du pittoresque costume maraîchin, déjà breton, pour les hommes, par la forme du chapeau et la coupe de la veste. Les enfants ont le même uniforme que les parents. Rien d'amusant comme une gamine de six ans avec sa robe à taille, exactement semblable à celle de la mère. On dirait des poupèces vivantes. Saint-Jean-de-Monts, la capitale de ce petit pays, comme l'est, à l'autre extrémité de la plaine, Challans, sur les premières collines du Bocage pour cette région boisée, est séparé de la mer par un épais bourrelet de dunes couvertes de pins, au pied desquelles, vers la côte, une belle plage tend à se transformer en station balnéaire. Passé le bourg, on reprend la route au pied des dunes, toujours bordées de hameaux et de fermes ; le Marais a peu de villages, mais les groupes de fermes se succèdent, pressés, jusqu'aux coteaux du Bocage. Avec infiniment plus de rusticité, avec des peupliers et des saules au lieu de chênes et d'arbres rares, avec d'innombrables fossés pleins d'eau entre chaque parcelle, on pourrait comparer cela à ces parcs morcelés des environs de Paris, où les villas se suivent entourées chacune d'un lambeau de jardin ; ce serait un immense Vésinet de chaumières, un Vésinet s'étendant pendant des lieues et des lieues.

Un peu avant Notre-Dame-de-Monts, la route, continuant à suivre les inflexions de la côte, tourne brusquement au nord. Là se trouve le pont d'Yeu, ligne de récifs d'où, assurent de vieilles traditions, partait un isthme reliant l'île au continent. Du haut de la dune où je suis monté, on découvre une mer sans limites ; le temps est trop gris pour qu'on puisse apercevoir l'île. La mer est agitée, elle se brise sur un rocher qu'à la violence des lames on devine sous l'eau. La ligne d'écume se prolonge à trois kilomètres au large. C'est le pont d'Yeu. D'autres roches isolées, les Marguerites, une autre plus au large encore, sont recouvertes par la mer; mais, au-dessus d'elles, les vagues sont furieuses. Quant à la côte, elle est bordée de dunes aussi loin que la vue peut s'étendre.

Notre-Dame-de-Monts est une vaste commune, mais le village est fort peu étendu. Les maisons s'alignent au pied des dunes, à l'abri du vent de la mer. La chaîne des hauteurs arénacées est large de huit cents mètres à peine sur ce point; plus haut, elle s'épanouit, s'avançant dans les terres vers le Fief-Hors, près du chenal de desséchement du Marais ou Grand-Étier, qui porte de petits bateaux.

Maintenant les fermes se font rares au bord de la route. Elles se réfugient au pied des dunes. Nous sommes ici en plein terrain salant; au delà de l'étier, c'est une immense fabrique de sel; sur plus de six kilomètres il n'y a que des marais salants. La Barre-de-Monts groupe à l'abri de la dune ses maisons blanches.

Le port est plus loin, à Fromentine. Le port, c'est-à-dire une estacade pour les bateaux qui vont à l'île d'Yeu, et placée en vue de Noirmoutier dont nous sépare un étroit goulet.

Fromentine compte trois ou quatre maisons, dont deux auberges et un poste de douanes. Chaque jour des voitures de Challans et de Bourgneuf viennent prendre ou laisser les voyageurs de l'île d'Yeu. Les dunes voisines et les marais salants sont assez lugubres. Le détroit de Fromentine est bordé de plages basses. La pointe de l'île de Noirmoutier, dont on n'est séparé que par un étroit chenal, s'élève à peine au-dessus de l'eau sous la forme d'une dune basse, incessamment balayée par le vent.

Un petit bateau conduit dans l'île les voyageurs du continent.

Étrange d'aspect, Noirmoutier. Vers l'Océan, la *mer Sauvage* comme on dit dans les îles, soudain profonde, bordée d'un long cordon de dunes, abritant les terres. A l'est, une mer sans profondeur soude l'île au continent à marée basse. Dans la moitié de sa longueur, 9 kilomètres sur 18, l'île n'est qu'une étroite langue de terre, atteignant deux kilomètres à peine d'un rivage à l'autre. Une route, partant de la pointe de la Fosse, suit le pied des dunes, bordée d'une ligne ininterrompue de hameaux, dont les maisons, d'un blanc éblouissant, sont entourées de figuiers. Cet arbre semble ici dans son pays d'origine et produit un petit fruit noir d'un goût exquis. Vers la baie de Bourgneuf c'est une plaine à peine ondulée, immense champ de céréales coupé de champs de fèves d'aspect luxuriant; nulle part on ne trouverait des blés plus verts, plus chargés d'épis. Sur les pentes des dunes tournées vers l'intérieur, quelques vignes et des champs de pommes de terre s'étendent. Les ruisseaux qui bordent la route sont remplis de cresson; de petits filets d'eau coulent des dunes, formant çà et là de minuscules prairies. La route traverse les villages de la Fosse, la Fraudière, les Ouchères, Bois Gaudin et Barbâtre, chef-lieu de la commune méridionale. Aux Ouchères aboutit le Goua, curieuse route couverte deux fois par jour par la mer : là passe la diligence de Beauvoir portant le courrier de Noirmoutier.

Le François et la Maison-Rouge finissent la longue ligne de villages composant la commune de Barbâtre. La route traverse maintenant l'isthme qui relie les deux parties de l'île et aboutit au gros village de la Guérinière, bâti au fond d'une anse très vaste, regardant au midi vers l'Océan. La route tourne alors brusquement, pour se diriger sur Noirmoutier, dont la haute tour romane attire le regard. On traverse des marais salants pendant près d'une lieue, pour atteindre le port de Noirmoutier, étroit chenal où ne montent pas les navires de plus de 200 tonneaux. C'est le port d'attache d'une petite flottille de pêche qui exploite surtout la baie de Bourgneuf, la côte ouest de l'île et le coureau d'Yeu. Elle arme pour la pêche au petit chalut, captive le homard et la langouste (113,000 en 1890), de mai à octobre ; la chevrette (22,000 kilogr.), de mars à octobre ; la sardine, de 8 à 10 millions ; les soles, turbots et plies (160,000 à 180,000), etc. Grâce à ces ressources, les pêcheurs sont plus à leur aise que dans les autres parties de ces mers. La plupart d'entre eux possèdent une maisonnette et un jardinet. Leur part de pêche est relativement forte : elle atteint de 700 à 750 fr.

Des essais d'ostréiculture sont tentés depuis quelques années ils ont parfaitement réussi, à tel point qu'en 1892 on a expédié 5,960,000 huîtres en Angleterre.

La ville n'a pas grand caractère ; ce sont des rues étroites, bordées de maisons blanches. Le quartier de l'église, construit sur un rocher, et le vieux château flanqué de tours donnent à la partie haute un caractère plus pittoresque.

Mais le coin vraiment beau de Noirmoutier,

le seul même, c'est le bois de la Chaise, à l'angle nord-est de l'île. C'est un amoncellement de blocs énormes de granit, jeté en face de Pornic, couvert d'un bois d'yeuses et de pins superbes. Dans les chênes verts s'abritent des villas, des sentiers escarpés courent dans les roches. D'ici, la vue de la baie de Bourgneuf est magnifique. Les petites collines du pays de Retz font un décor dont on ne peut se lasser. Les Moutiers, la Bernerie, Pornic, Sainte-Marie, Préfailles, se détachent sur le fond vert des hauteurs.

Cette partie nord de Noirmoutier est d'ailleurs infiniment plus variée que la région de Barbâtre. De petits mamelons surgissent de la plaine, les villages, nombreux, se succèdent le long de la côte bordée de récifs. Le grand et le Petit-Viel, la Madeleine, l'abbaye de la Blanche, la Linière, s'égrènent au bord de plages rocheuses.

A l'extrême pointe nord-ouest, les maisons de l'Herbaudière s'étendent au bord d'une plage où quelques bateaux de sardiniers sont échoués. D'ici on aperçoit distinctement l'îlot du Pilier et son phare ; c'est un rocher sans cesse battu par la mer, où souvent l'on ne peut arriver, mais sur lequel vivent cependant quelques habitants. Ce rocher d'apparence aride a même, me dit-on, quelques cultures. Il est surtout habité par d'immenses colonies d'oiseaux de mer.

Près de l'Herbaudière est le hameau de Guérande, dont l'église domine l'anse de Devin. A Luzay commencent les marais salants, sillonnés de chenaux ou *étiers* et qui renferment 1,200 hectares d'*œillets* ou bassins d'évaporation. Les bandes de terre entre chaque œillet, qu'on appelle bosses dans l'île de Ré, s'appellent ici des « bossis ». Comme sur le reste de ces côtes le métier de saunier est devenu précaire. Une route tortueuse traverse les marais; elle nous conduit à la pointe de Devin et nous ramène à la Guérinière. Les villages, abrités par les dunes couvertes d'une herbe rase, forment une rue ininterrompue: Gabion, Bressuire, la Basse, le Pré-Salé, l'Épine, se succèdent. Ici les dunes, qui couvrent 900 hectares de Noirmoutier, sont hautes; l'une d'elles atteint 26 mètres, c'est le point culminant de l'île, à la pointe de Loire, où la côte se recourbe pour dessiner l'anse de la Guérinière. Le Bot, où s'abritent quelques barques, la Verdonnerie et la Guérinière forment une blanche ceinture.

Maintenant nous revenons vers Barbâtre.

Depuis que je parcours l'île, je rencontre sur toutes les surfaces libres, prairies ou pentes de dunes, des sortes de disques noirâtres, séchant au

LES ILES DE NOIRMOUTIER ET DE BOUIN.

D'après la carte de l'état-major au $\frac{1}{320,000}$.

soleil. C'est dimanche, je n'ai vu personne auprès de ces singuliers objets qui font des pentes arénacées comme une immense peau de léopard. Près d'une ferme isolée, au bord d'une mare, un groupe qui a violé le repos dominical attire mon attention. On a jeté du fumier dans le trou. Ce fumier, une fois délayé est pris par des femmes qui le battent avec les mains, le polissent, en font des sortes de galettes plates, puis, plaçant ces singuliers gâteaux sur la dune, les font sécher au soleil. C'est le seul combustible de l'île.

La bouse de vache ainsi préparée fait tous les frais des foyers. Je viens d'entrer dans une ferme et je vois, grillant sur un de ces feux, une anguille dont le parfum doit être bien singulier.

Dans tout Noirmoutier, l'engrais s'en va ainsi en fumée. On n'a jamais mis dans le sol un atome du produit des étables. Le goëmon, le varech et autres plantes marines le remplacent. On en ramasse d'immenses quantités sur toute la côte; l'Herbaudière, entourée d'immenses rochers émergeant à marée basse, est le principal centre de récolte. On en ramasse tant, que c'est pour l'île un objet de commerce considérable. Une grande partie des 250,000 mètres cubes recueillis chaque année est brûlée pour fournir de la soude, dont l'île exporte un million de kilogrammes par année. Le reste, en partie converti en terreau, est chargé sur des voitures qui, par le passage du Goua, vont sur la terre ferme conduire l'engrais dans le Bocage, en échange du bois, si abondant dans cette partie de la Vendée.

C'est là de l'économie rurale bien singulière : la bouse qui se volatilise sous forme de fumée, le temps perdu, parfois trois ou quatre jours, à aller au loin, ne sauraient être compensés par le bois rapporté du Bocage. Il serait plus avantageux, à coup sûr, pour la bourse et la santé, de brûler de la houille dans des poêles, d'enfouir les produits de l'étable dans les sables incultes du pied des dunes et de transformer en argent le varech surabondant. Les récoltes en seraient meilleures et les revenus de la population aussi. Ce n'est pas là une question indifférente; en somme les habitants vivent assez misérablement, ils sont trop nombreux. Sur les 4,422 hectares de l'île, une moitié au bas mot est couverte par les dunes, le bois de la Chaise et les marais salants. Il n'y a aucune industrie. Et cependant, sur ces 2,000 hectares vit une population de 8,000 habitants, soit 400 par kilomètre carré, plus encore que dans l'archipel de Saintonge.

Nous reprenons le chemin de Barbâtre. La marée est basse, c'est le moment où le courrier et tous les équipages qui vont au continent se dirigent sur le Goua. Ce Goua, *gois* ou *gua*, est le chemin le plus curieux de France. La route venant de l'intérieur de l'île s'engage au milieu des sables et des vases laissés à découvert par la marée Entretenue au même titre que les autres routes, celle-ci suit un tracé fort irrégulier sur les parties solides du détroit, pendant quatre kilomètres, mais elle n'est praticable qu'à basse mer, le flux l'a bientôt recouverte. Souvent les voyageurs sont surpris par le flot, aussi la route a été soigneusement balisée par des mâts munis d'échelons et surmontés de hunes dans lesquelles les gens attardés trouvent un abri jusqu'à ce que la mer soit redescendue. Quand la marée est haute, les navires passent à l'endroit même où, tout à l'heure, circulaient les diligences et les charrettes. D'ailleurs l'île presque entière, les deux tiers au moins, est au-dessous du niveau de la mer, sans les digues qui la protègent elle serait rapidement couverte par les eaux.

On atteint la côte non loin de Beauvoir, dont la lourde tour de l'église semble, vue des campagnes de Noirmoutier, surgir de l'Océan, tant sont plates et basses les terres du Marais.

IX

DE L'ILE DE BOUIN A SAINT-NAZAIRE

Dans le Marais. — Beauvoir-sur-Mer. — L'île de Bouin —
Bourgneuf et ses vignobles — La viticulture dans la Loire-
Inférieure. — Le pays de Retz. — Paimbœuf. — En Loire —
Saint-Nazaire.

Saint-Nazaire.

De Noirmoutier je suis revenu à la Barre-de-Monts, mais il n'y a plus de voiture publique, il faut attendre jusqu'au soir pour atteindre Challans ou Bourgneuf. J'ai gagné à pied cette dernière ville et pu visiter l'île de Bouin.

Ici, il ne faut pas chercher les grands sites. Jusqu'à Beauvoir-sur-Mer, la route traverse des marais salants, dont l'uniformité est à peine rompue par des buissons de tamarix. Mais, aux abords de Beauvoir, on affleure un coin du Bocage. La ville est bâtie au pied d'un coteau qui fut jadis un promontoire battu des flots. Son église, dont la flèche s'aperçoit de si loin, n'a aucun caractère. Des hauteurs on a une vue étendue sur les « polders », terres basses, sillonnées de chenaux de desséchement, gagnées sur la mer. Tout le pays est d'origine moderne ; les alluvions de la mer ont été peu à peu conquises par la culture. Cette conquête se poursuit ; avant un siècle peut-être, l'immense laisse de vase émergeant à basse mer, entre Noirmoutiers et le continent, sera enlevée à l'Océan.

De toutes ces conquêtes, la plus curieuse est celle de l'île de Bouin. A une demi-heure de marche, au delà de Beauvoir, on traverse l'étier du Daim ; cet étier, séparé de la mer par une écluse, est un des bras du Falleron, la rivière de Machecoul. Le Falleron envoie un rameau près de Bourgneuf, c'est l'étier du Sud, bien qu'il soit au nord ; l'étier du Daim coule au sud. Entre ces deux chenaux et la mer s'étend une plaine de 4,000 hectares ; elle s'est peu à peu formée autour d'un rocher, haut de six mètres, qui a servi de noyau aux dépôts de vase. Le rocher porte aujourd'hui les maisons de Bouin, gros village qui domine toute la plaine. Peu d'arbres dans l'île ; des champs de céréales séparés par des marais salants, des maisons de torchis bâties au bord de chenaux. La végétation est exubérante dans ces grasses alluvions. Et c'est tout ce que l'on peut dire de cette île couverte de salines et semée de fermes, dont l'étendue *actuelle* est de 3,000 hectares. Je dis actuelle, car elle ne cesse de s'accroître par les apports de la mer et le soulèvement du sol.

On sort de l'île en traversant l'étier du Sud au pont du Fresne. L'étier, que l'on suit assez longtemps, sert de port à Bourgneuf, petite ville bien connue des baigneurs du pays de Retz. Elle s'étend à la base des collines, au-dessus des marais; c'est là que le chemin de fer de Nantes à Pornic débouche sur la riante côte où tant de stations balnéaires se sont créées. Pour gagner Saint-Nazaire, j'ai préféré la route au chemin de fer de Paimbœuf, à travers cet aimable pays de Retz, encore bien oublié. Aux abords de Bourgneuf, les vignes sont nombreuses; elles sont admirablement soignées, les gens du pays font un grand éloge de son vin blanc. Ici la culture a su un peu écarter mildiou et phylloxéra, on fait encore d'abondantes vendanges.

Il ne faut point sourire de ces vignes bretonnes. La Loire-Inférieure, sans avoir des vins comparables à ceux d'Anjou, est cependant assez grande productrice. Le département a, en chiffres ronds, 32,000 hectares de vignes, dont le rendement est évalué à près de 400,000 hectolitres. Les rives de la Loire, les environs de Vallet et le pays de Retz renferment les principaux vignobles.

Le cépage employé de préférence, au moins autour de Nantes, est le muscadet. Il produit un excellent vin blanc, sec et alcoolique. Mais le mildiou l'a rendu très sensible aux intempéries, les gelées le frappent beaucoup plus souvent. Peut-être aurait-on enrayé le mal, si, dans les environs de Nantes, la propriété n'avait pas été soumise au régime singulier du *comptant*. Cet antique mode d'exploitation consiste dans un bail perpétuel consenti à des vignerons, à la condition de planter et d'entretenir la vigne en payant un tiers ou un quart de la récolte. Les fermiers ou colons sont donc les maîtres ; malgré quelques propriétaires, ils se sont opposés à l'emploi des préservatifs. On a vu, peu à peu, la vigne s'affaiblir ; le phylloxéra est venu à son tour et les vignobles des environs de Nantes sont fort menacés, situation d'autant plus pénible que les terrains sont pauvres et peu favorables à d'autres cultures.

De l'autre côté de la Sèvre, dans les cantons de Vallet, du Loroux-Bottereau, etc., même régime, mêmes résultats ; le vignoble, superbe, qui valait jusqu'à 12,000 fr. l'hectare, est en partie détruit. Mais ici les terres sont d'excellente qualités et peuvent être remises en valeur.

Enfin, dans le pays de Retz, la situation, ainsi que je l'ai dit, est meilleure. La terre y est plus divisée ; les cultivateurs sont tous de petits propriétaires. Chacun d'eux a une étendue de terre suffisante à la production du blé nécessaire à la famille, une prairie pour la nourriture de la vache qui fournira le lait et le beurre. Enfin, la plus grosse part du sol est consacrée à la vigne. Elle produit un vin blanc sec et un peu dur appelé « gros-plant ». Ce vin est surtout expédié à Nantes, à Saint-Nazaire, aux distilleries de Machecoul et des Charentes. Il se vend de 25 à 30 fr. la barrique de 225 litres. Tout le produit de la vigne entre donc dans les bas de laine des gens du pays de Retz. Il servira à l'achat d'un nouveau morceau de vigne, idéal de luxe pour les habitants.

Le gros-plant est beaucoup plus résistant, beaucoup plus productif que le muscadet, mais un viticulteur hardi a imaginé d'aller chercher un nouveau cépage. C'est M. Simon, le maire de Bouaye. Dans son domaine d'Herbauges, au bord du lac de Grand-Lieu, il a importé la culture des raisins rouges et produit des vins fort colorés en plein pays de vins blancs. C'est le *Groleau* de Touraine, cultivé et fixé à des échalas, comme en Bourgogne. J'ai parlé déjà de ces belles vignes de Bouaye, à propos du lac de Grand-Lieu. Si l'on en croit M. Simon, ce cépage, cultivé et fumé avec soin, traité préventivement contre le mildiou, donnerait jusqu'à 60 barriques ou 135 hectolitres à l'hectare, le rendement moyen serait de 40 à 50 hectolitres. D'après les calculs qu'on m'a mis sous les yeux, le groleau donnerait un revenu net de 4,500 fr. par hectare, alors que le gros-plant ne donne que 650 fr.

On comprend l'ardeur que met le prophète du vin rouge à prêcher l'emploi du groleau et les cultures perfectionnées qu'il emploie; mais ces efforts sont vains. Le paysan est trop routinier, trop attaché à ses errements pour aller de lui-même transformer ses procédés. Quant aux propriétaires terriens, petits bourgeois ou nobles, ils sont plus hostiles encore aux idées de progrès. Hostiles n'est pas le mot; ils ignorent ce qui se passe; habitués à vivre de leurs maigres revenus, ils n'ont qu'une crainte: les voir réduire par les tentatives des fermiers. Par la création de champs d'expériences au milieu du vignoble, seulement, on pourra amener les vignerons à transformer leurs méthodes.

Si le progrès se fait, ce sera d'abord dans les parties ruinées; mais dans le pays de Retz, où l'on a pu résister jusqu'ici au fléau, on continuera longtemps encore à cultiver le gros-plant, dont la végétation vigoureuse donne un si grand air de richesse aux coteaux de Bourgneuf.

Ces coteaux, au delà de Bourgneuf, portent un plateau assez bien cultivé, mais bien moins peuplé que l'île de Bouin et les terres basses du pays de Monts. Ici les hameaux sont moins nombreux. Arthon, le premier bourg de la route, est très gai avec ses rues larges bordées de maisons claires. Au pied de la hauteur qui borde le bourg coule le ruisseau de Haute-Perche, devenu petit fleuve avec la marée et formant, à son embouchure, le port de Pornic. On le traverse pour monter, par Chauvé, sur un plateau très vert et très agreste.

Eh quoi! c'est là ce pays de Retz, qui évoque le souvenir effroyable de Barbe-Bleue, l'atroce bourreau dont s'effraya notre enfance, qui saignait les bébés pour se plonger dans leur sang!

Du point culminant de la route, on a, avant d'arriver à Saint-Père-en-Retz, une admirable vue. La presqu'île est un immense bocage où les arbres qui entourent les champs cachent les maisons. Mais, vers le nord, très profonde, s'ouvre la vallée de la Loire. Le fleuve, large de plusieurs milliers de mètres, coupé d'îles, étincelle au soleil. Au delà, les immenses plaines basses et

vertes qui s'étendent jusqu'au Sillon de Bretagne.
Sur ces hauteurs, Savenay et Pont-Château se
dressent avec une netteté singulière. Le paysage
est immense, d'une grandeur peut-être austère.
Vers la Grande-Brière, les marais sans fin donnent l'idée des savanes du Nouveau-Monde.

Au-dessous de ce belvédère de Saint-Père-en-Retz, vers la Loire, le pays est plus verdoyant
encore qu'à l'ouest ; c'est une plaine s'abaissant
lentement jusqu'au fleuve, coupée de ravins profonds. Quelques points attirent le regard : Frossay
sur une butte de forme régulière ; Saint-Viaud
sur son mamelon dominant les marais ; Paimbœuf,
île blanche entre le fleuve et les terres basses des
polders ; au delà de la Loire, Saint-Nazaire, annoncé par la fumée noire de ses chantiers.

On n'a pas longtemps ce panorama sous les
yeux ; la route descend aussitôt vers Saint-Père-en-Retz, gros bourg où convergent toutes les
routes du pays, bâti dans un véritable cirque de
verdure. C'est le centre de la péninsule, son marché naturel ; aussi les foires y attirent-elles une
foule considérable. Puis la contrée devient plus
monotone, les collines s'abaissent. Saint-Viaud
est le dernier village de la route. Par un terrain
légèrement montueux et planté de vignes, on
atteint Paimbœuf, trop petite pour remplir la pe-

tite île de la Loire, aujourd'hui réunie au continent, Pen-Bo, la *Tête de Bœuf* des vieux navigateurs. C'est une toute mignonne ville bien calme, bien endormie au bord de sa rade, jadis animée quand elle servait d'abri aux grands navires qui s'allégeaient avant de monter à Nantes. Saint-Nazaire a grandi au détriment de ce port, qui s'est dépeuplé.

Les rues respirent un profond ennui ; sans le fleuve superbe de largeur, incessamment sillonné de navires et de gabares, ce serait un triste séjour, mais la Loire majestueuse donne à Paimbœuf, qu'elle entoure à demi, une partie de sa beauté.

La déchéance a été complète. Paimbœuf, malgré le chemin de fer, malgré son bassin de carénage, n'a pu se maintenir comme port ; elle a eu l'humiliation de ne plus être qu'un coin de la banlieue de Saint-Nazaire. Par les bateaux à vapeur qui vont fréquemment de l'une à l'autre ville, elle est entièrement dans le centre d'attraction de la jeune cité. Un bac à vapeur conduit les voyageurs à Donges, sur l'autre rive de la Loire. Les vapeurs réguliers touchent également à Donges, petit bourg très pittoresquement situé sur une pointe avançant vers le fleuve. C'est par là que j'ai gagné Saint-Nazaire.

La Loire s'élargit encore ; ses rives basses, bordées d'arbres, s'exhaussent vers le pays de Retz. Les îles ont disparu, remplacées à marée basse par d'immenses bancs de vase molle. Sur l'un d'eux, maintenant consolidé et déjà couvert de verdure, est une tour servant de signal aux navires. Près de la côte est la très petite île de Saint-Nicolas ; puis un large et dernier écueil et l'on atteint la pointe de Mindin, au delà de laquelle est l'Océan.

La Loire, tout à l'heure si large, s'est maintenant rétrécie ; elle n'a guère plus de deux kilomètres. Aussi voit-on distinctement tous les détails de l'une à l'autre rive ; au premier plan, Saint-Nazaire avec ses constructions monumentales et la forêt de mâts surgissant au-dessus de son vaste bassin de Penhoët. Bientôt le fleuve est traversé, à la ligne idéale qui sépare les eaux fluviales de celles de l'Océan. Me voici donc à l'extrémité de cette Loire que j'ai suivie depuis de longs mois, de Nevers à ces riantes collines bretonnes, au pied desquelles s'est construit Saint-Nazaire.

Quelques tours d'hélice et le vapeur atteint le musoir du chenal de Saint-Nazaire.

C'est par le port qu'il faut entrer dans cette ville, née d'hier et déjà une des plus considérables de la vallée de la Loire. Si l'on veut bien la

comprendre, Saint-Nazaire ne ressemble en rien
à d'autres villes filles de l'industrie moderne.
Elle n'a pas poussé un peu au hasard, édifiant
des maisons au bord d'anciens chemins ruraux,
comme Roubaix ou Tourcoing. Un plan magistral
a été conçu ; les rues coupées à angle droit ont été
bordées de maisons à plusieurs étages. C'est une
grande ville, sortie d'un seul jet des marais de
Saint-Nazaire. Et c'est un contraste piquant que
le vieux village encore debout, bâti autour d'une
humble église, sur un rocher, à l'endroit même
où la Loire entre dans l'Océan, et cette ville d'aspect grandiose, mais trop peu animée. Les petites
constructions basses, les rues étroites, les arbres
fruitiers jetant leurs branchages sur les murs des
jardins, les masures de pêcheurs édifiées sur les
roches du promontoire, viennent brusquement
finir en face de maisons monumentales, de cafés
étincelants et de bassins remplis de navires.

C'est que Saint-Nazaire, un des plus grands
ports maritimes de France, le 6ᵉ, dont le tonnage
total a été, en 1893, de 3,137 navires jaugeant
1,685,532 tonnes, est une ville toute moderne,
bien que ses habitants se prétendent les successeurs de la ville celtique de *Corbilo,* où César fit
construire la flotte destinée à attaquer l'Armorique et qui, sous les ordres de Brutus, livra aux

Vénètes la plus grande bataille navale de l'antiquité dans ces parages.

La *France maritime,* dans l'article qu'elle consacrait à Saint-Nazaire en 1853, faisait de cette extrémité de terre bretonne une sorte de solitude condamnée à rester telle jusqu'à la fin des siècles : « Saint-Nazaire, s'écriait le capitaine P. Luco, dont le petit port est sans importance, l'histoire sans reliefs, l'aspect sans vie et *l'avenir sans espérance !* » Et voici comment il la décrivait :

C'est à travers un terrain rebelle, entre des vignes maigres, tantôt sur un sable qui croule sous les pieds, tantôt sur un gravier ardu qui les blesse, que l'on atteint péniblement ce groupe d'habitations noircies par le temps et par l'air salin de l'Océan.

Entre ces maisons, dont l'arrangement formule une rue longue et tortueuse, le silence et la solitude laissent à peine croire à un lieu habité. Cette somnolence au dehors s'explique pourtant lorsqu'on apprend que ce qu'il reste d'habitants est livré à des soins d'intérieur dans l'intérêt des absents et que ces absents sont des pilotes. La rue aboutit à la Loire sur un petit promontoire que le fleuve bat de son eau bourbeuse : c'est là le boulevard de Saint-Nazaire; sur ce point culminant se groupent les habitations des notabilités du pays; le cimetière et son grand mur qui trempe son pied dans la Loire ; au milieu, l'église gothique, bien vieille, bardée de lierre et de giroflées, et son vieux clocher lézardé par le vent du sud-ouest ; vous pouvez y monter, la porte en est ouverte à tout venant : le maire, le curé et le syndic des pilotes ont paternellement, leur conseil entendu, décrété cette franchise aux habitants. Les femmes et les filles des pilotes y vont souvent demander à l'horizon de la mer des nouvelles d'une chaloupe attardée. Toujours l'anxiété monte son spiral de granit, quelquefois le désespoir le descend. Du haut de son faîte, la vue plane sur un vaste panorama, au milieu duquel la Loire maritime roule ses flots jaunes, qu'elle verse dans le golfe de Gascogne. Le regard tombe sur Saint-Nazaire, qui serpente à vos pieds comme un reptile traînant sa queue dans le sable de la grève, tandis que, la tête penchée au-dessus du fleuve, il trempe sa langue de roches dans le rapide courant de l'eau.

Tout au plus, le capitaine Luco croyait-il qu'on pouvait apporter quelque animation au bourg en lui faisant construire de « jolies frégates » si une guerre maritime venait à éclater ! Les jolies frégates ! Il y a beau temps que la dernière, arasée, n'est plus qu'un affreux ponton immobile au fond d'un port de guerre.

Saint-Nazaire actuelle est la fille de la vapeur. Pour les grands navires modernes, auxquels Nantes était inaccessible, il fallait donc trouver un port en un point du fleuve où la marée donnât toujours une hauteur d'eau suffisante. Malgré

Paimbœuf, qui voulait conserver la situation exceptionnelle faite par sa rade, Saint-Nazaire fut préférée. Commencés au milieu de ce siècle, les travaux du bassin et de la belle station du chemin de fer étaient achevés en 1857 Dès cette date, Saint-Nazaire compte réellement parmi les villes françaises ; elle possède aujourd'hui plus de 30,000 habitants.

Si le contraste est grand entre le village breton bâti sur les rochers et la ville d'allure parisienne qui l'avoisine, ce n'est pas avec une médiocre surprise qu'on rencontre, près de la voie ferrée, au milieu d'un « square », un dolmen dont la table s'élève à six pieds du sol, cela à côté du hall d'une gare monumentale, en vue de l'immense bassin du Penhoët, où les plus grands navires modernes sont à flot.

L'activité est grande sur les quais de Saint-Nazaire, mais la ville donne une certaine impression de solitude ; les rues tracées à angle droit finissent bizarrement dans une campagne déserte. Saint-Nazaire n'a pas fait naître les grandes usines qu'on aurait pu espérer pour elle ; sauf les chantiers de la Loire, l'industrie est nulle. Les produits, arrivés par les navires, sont aussitôt dirigés sur Nantes, soit par le chemin de fer, soit par les chalands que le flot conduit en Loire ; là, ils seront mis en œuvre ou emmagasinés. A ce point de vue, le rêve des Nantais : faire de Saint-Nazaire un avant-port, a été réalisé. Mais la nouvelle ville ne supporte pas sans peine ce rôle cependant considérable ; elle voudrait devenir absolument indépendante de sa voisine. C'est là une ambition légitime, mais assez difficile à réaliser. Les environs de Saint-Nazaire n'ont rien de ce qui peut alimenter un port ; Nantes est un peu plus favorisée et, cependant, elle n'a pas comme Bordeaux un fret assuré dans ses vins et dans les bois des landes, si recherchés de l'Angleterre comme poteaux de mines. Saint-Nazaire a donc beaucoup à tenter encore avant d'avoir une autonomie commerciale absolue.

De la petite jetée du vieux Saint-Nazaire, la vue est superbe. Le jour, les côtes du pays de Batz, harmonieusement découpées, se profilent jusqu'à la pointe du Croisic, où l'Océan se déroule sans limites. L'immense nappe de la Loire, semée de voiles, présente, jusqu'à Paimbœuf, l'aspect d'un grand fleuve d'Amérique. Le soir, quand les feux de la rade sont allumés, se reflétant dans le flot tranquille, on éprouve une profonde sensation d'isolement. La ville est en dehors de la vue ; on dirait que le môle, battu par les vagues, barre jalousement l'entrée du fleuve. Ici, au musoir de cette jetée robuste, percée d'arcades où s'épanouira le flot, finit le grand fleuve de la France centrale. Hélas! cette porte ouverte sur l'intérieur, cette Loire qui pourrait jouer le rôle du Rhin, du Danube, de l'Elbe et de la Volga, en faisant communiquer entre elles vingt de nos provinces, reste abandonnée! Certes, l'immense ruban de rails qui unit Saint-Nazaire à Paris est une grande œuvre, d'une importance énorme dans la vie de l'Ouest, mais la force productive du val de Loire aurait été décuplée si de Roanne, de Bourges, de Limoges, du Mans, de Mayenne, de Paris, de tous les affluents de la Loire et des canaux qui y aboutissent, la navigation avait pu se faire régulièrement jusqu'à Saint-Nazaire. Les charbons du Centre auraient pu alimenter tout l'immense bassin, alors que l'Angleterre est maîtresse incontestée du marché.

X

ARCHIPEL DE LA GRANDE-BRIÈRE

Un archipel ignoré. — Iles d'hiver. — La Grande-Brière vue de Saint-Nazaire. — Comment elle s'est formée. — Visite aux vingt-sept îles. — Groupe de Saint-Nazaire. — Trignac et Montoir. — Aignac. — Pendille et ses satellites. — Mœurs et coutumes des Briérons. — Les cultures. — Le travail à Saint-Nazaire. — Extraction de la tourbe et des bois fossiles.

Saint-Joachim (Ile de Pendille).

Voici un archipel dont les géographes ne parlent guère et que vous trouveriez malaisément sur les cartes usuelles. Il en est peu cependant de plus peuplé, il n'en est pas de plus curieux.

Les îles dont il se compose sont nombreuses, mais aux yeux superficiels le caractère insulaire s'affirme en hiver seulement ; alors ces petites terres entourées d'eau, d'une eau trouble et morne, donnent l'impression d'îles semées au sein d'un vaste golfe aux rivages bas et vaporeux.

Ce n'est point lorsque les eaux recouvrent la dépression immense renfermée entre la Loire et la Vilaine qu'il faut venir visiter ce curieux pays, c'est à la fin de l'été, quand les chaleurs ont fait évaporer la nappe d'eau saumâtre et que la petite et peu profonde mer de la Brière a disparu pour faire place à la plaine horizontale des tourbières. On a alors un des plus étranges paysages de France.

La Brière est cette vaste plaine basse, aux horizons fuyants et indécis, dont on traverse un coin en allant de Nantes à Saint-Nazaire à partir de la station de Montoir. Si peu disposé soit-on à s'étonner, il n'est guère de voyageurs qui ne soient frappés par cette apparition de l'immense marais d'où surgissent des buttes couvertes d'arbres et de maisons. Déjà, après avoir abandonné à Savenay la base du Sillon de Bretagne, on avait traversé les terres basses, semées de monticules cultivés qui avoisinent Donges. Mais au loin apparaissaient de petites collines et des villages. Ici, rien de semblable : lorsque le train a dépassé les hauts fourneaux de Trignac, c'est une plaine sans limite, couverte d'une herbe rase, donnant la sensation d'une mer immobile, comme morte.

Saint-Nazaire est à demi dans ce paysage étrange. Du dolmen qui avoisine la gare on est au bord même de la Grande-Brière ; l'extrémité du bassin de Penhoët a été creusée dans ces terres affaissées. Du haut du belvédère abritant les appareils de pression hydraulique des forges et chantiers, au bord même du bassin, on voit se dérouler, jusqu'aux modestes collines d'Herbignac et de la Roche-Bernard, l'énorme pelouse, où scintille, en quelques mares, l'eau glauque des tourbières.

Au premier plan, la Brière est moins rase ; le voisinage d'une grande ville, en rendant précieuse l'existence de pâturages a poussé à des essais de desséchement ; les canaux se devinent aux lignes sombres des tamarix dont les panaches verts ou roses, selon la saison, se courbent sous le vent d'ouest. Plus loin, ces derniers arbustes disparaissent, on ne voit d'autres arbres que les ormeaux entourant les maisons construites sur les monticules qu'on appelle des îles.

Ce furent bien jadis, dans un temps prodigieusement reculé, de véritables îles. Il y eut là, comme en Saintonge — entre les estuaires actuels de la Seudre et de la Charente[1], — un golfe rempli d'îles, peu à peu ce sol s'est élevé, une forêt a crû, puis un affaissement s'est produit, les marais ont fait périr les arbres ; les squelettes de ceux-ci se sont trouvés enfouis sous la couche de plus en plus épaisse des tourbes et ont disparu aux yeux.

---

1. Voir chap. II, p. 27

Mais les troncs subsistent encore et donnent lieu à une véritable exploitation. C'est cet étrange pays que je viens parcourir.

Ce nom de *brière*, on le retrouve sur bien des points où les vases et les tourbes ont remplacé des golfes ou des lacs. Il est proche parent de ces terres de *brie* que nous avons trouvées à l'île d'Oleron et dans les îles de Marennes. Il y a presque partout des *brières*, mais celle de Saint-Nazaire est la plus vaste, c'est la *Grande-Brière*.

Elle mérite ce nom ; de la Loire à Herbignac, c'est-à-dire du sud au nord, son développement atteint près de cinq lieues ; en largeur elle n'est pas loin d'avoir quatre lieues, c'est 15,000 hectares que recouvrent ainsi les terres mouillées de la Brière et les îlots de granit qui y sont semés.

Ces îlots sont régulièrement disposés sous la forme d'un Y renversé $\curlywedge$, dont la base s'appuierait à la Loire et la pointe vers Herbignac. De notre observatoire des forges et chantiers nous voyons, jusqu'à nos pieds, sept de ces îlots fermant le marais devant Saint-Nazaire. Entre eux courent les voies ferrées établies sur le sol peu résistant. La ligne du Croisic borde un instant l'île de Drefféac, mince et court mamelon de cultures, plus haut l'île de Faugaret, long pédoncule

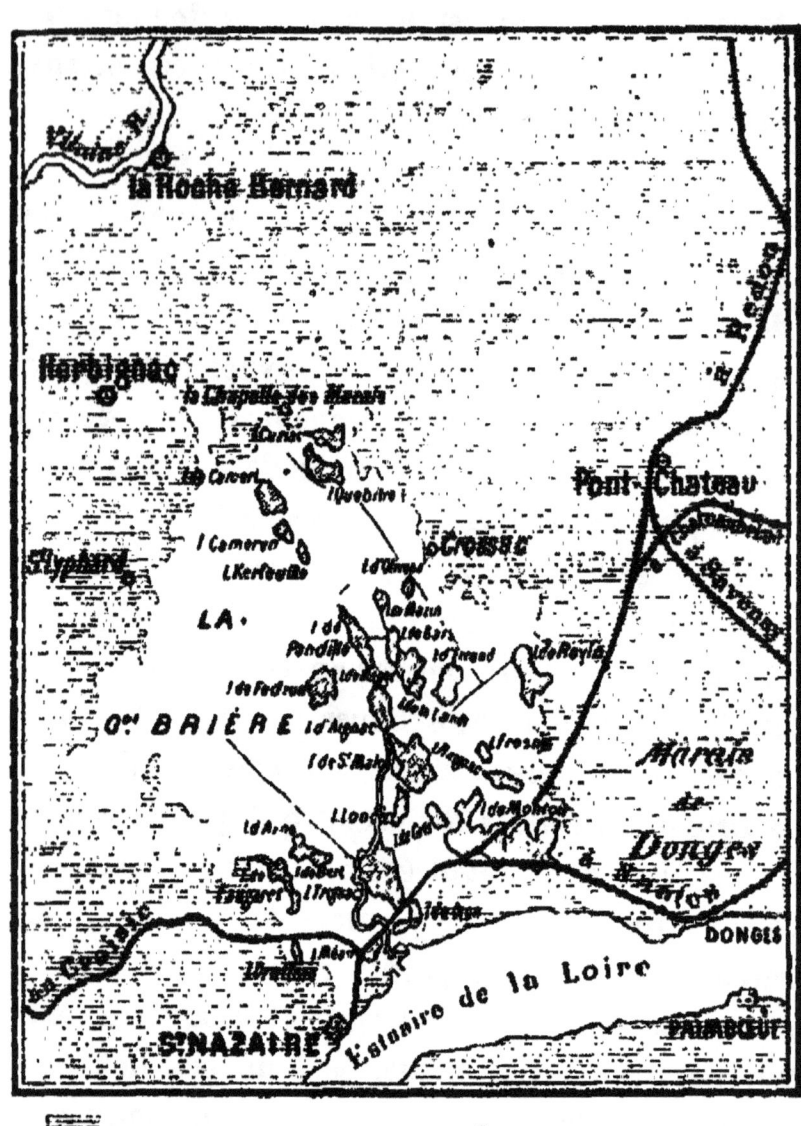

ARCHIPEL DE LA GRANDE-BRIÈRE.

où des renflements portent les hameaux de Trembly et d'Aucard, habités par des ouvriers des ateliers de Saint-Nazaire. Plus peuplés sont les îlots d'Aine (72 habitants) et de Bert, ce dernier surtout que recouvre un véritable village (311 habitants).

Ces îlots n'ont rien pour nous retenir: c'est au delà vers Montoir et Saint-Joachim que la Grande-Brière est particulièrement curieuse. Dès qu'on a dépassé le bassin de Penhoët, un mamelon aux pentes douces et couvert des maisons misérables d'un faubourg surgit des alluvions de la Loire et de la plate étendue du marais. C'est l'ancienne île de Méan, aujourd'hui partie de Saint-Nazaire et peuplée de 400 âmes. Au nord et à l'est un chenal tortueux, plein de vase à marée basse, fleuve boueux à marée haute, l'entoure, c'est l'étier de Méan, ou partie maritime du Brivet. Ce cours d'eau, venu des granits de l'est, est la grande artère de la Brière, il en conduit les eaux à la mer et sert en même temps de canal de navigation. Avant la construction des chaussées qui traversent le marais, c'était la principale voie de communication; aujourd'hui encore il est d'un grand secours aux Briérons pour le transport des tourbes, des bois et des fourrages.

Un grand méandre de l'étier et un bras dérivé

du cours d'eau entoure la vaste usine de Trignac, créée sous le nom de forges de Saint-Nazaire. Cet établissement couvre presque en entier l'île de Trignac (107 habitants), dont le relief très faible s'accroît sans cesse par l'accumulation des scories. Les vastes halls, les hautes cheminées, les flots noirs de fumée, la petite voie ferrée qui relie les usines à la grande ligne, donnent à l'île de Trignac un caractère étrange. La puissante usine, au milieu de ces vases molles et de ces tourbes qu'on devine inconsistantes, étonne ; on se demande comment elle ne s'enfonce pas dans le sol sous les coups répétés des lourds marteaux et les efforts des laminoirs.

C'est que l'île, comme toutes celles de la Brière, est formée par le granit élevé au-dessus du fond marin. Le sol en est donc ferme et immuable. On a pu établir sur cette base les plus puissantes machines.

Saint-Nazaire doit à ces forges une grande partie de sa prospérité ; sans elles, sans les ateliers de construction dits « forges et chantiers de la Loire », où de grands navires de guerre sont construits, sans les ateliers de la Compagnie transatlantique, la jeune ville n'aurait pas pris ce développement. La création de Trignac est d'autant plus intéressante que l'on ne possède ici ni charbon, ni minerai, mais on a le grand chemin de la mer qui permet aux minerais de Bilbao et aux charbons d'Angleterre d'arriver à peu de frais. C'est ainsi que l'usine d'Indret, les fonderies de Couëron et les usines de la Basse-Indre[1] ont pu se soutenir et se développer malgré leur éloignement des lieux de production de matières premières.

Trignac, dont le développement a été plus rapide encore, occupe aujourd'hui des centaines d'ouvriers.

La Grande-Brière a beaucoup gagné à cette création et à la naissance de Saint-Nazaire. Les Briérons, jadis uniquement occupés à la culture des petits champs de leurs îles et surtout à l'exploitation de la tourbe, sont désormais l'élément principal des usines, des chantiers et du port. Mais, tout en profitant du travail offert par la grande ville née à côté d'eux, ils sont restés fidèles à leur marais. Chaque matin ils s'en vont près de deux mille, sinon plus, emportant leur déjeuner, en de grandes voitures qu'ils louent en commun, à Trignac et à Saint-Nazaire ; le soir, ils rentrent chez eux par le même moyen. Les forges

---

[1]. Voir la deuxième série du *Voyage en France*, page 317.

et chantiers ont ainsi des ouvriers jusqu'à la Chapelle-des-Marais au nord, jusqu'à Saint-Lyphard à l'ouest, qui doivent faire plus de vingt kilomètres pour rentrer au village. La plupart de ces travailleurs ont un bout de champ, une maison ; ils ont le droit de récolter la tourbe, aussi sont-ils très attachés au sol et forment-ils pour Saint-Nazaire une ressource précieuse. Sans eux, sans leur attachement au pays natal, la nouvelle ville aurait reçu une population plus considérable peut-être, mais qui, venue de loin et sans racines dans le pays, aurait créé à cette extrémité de la Bretagne un foyer d'agitations sociales. On l'a bien vu à Trignac même où, pour avoir des ouvriers tout formés, on a eu recours à des émigrants venus du Midi : des établissements ruinés de la Voulte, de Bessège, de Terrenoire, etc.[1]. C'est à eux que l'on a dû la grève aux incidents tragiques qui a désolé Trignac au commencement de l'année 1894. Le Briéron, au contraire, est moins disposé à écouter les meneurs et c'est là une précieuse assurance de sécurité pour les établissements de Saint-Nazaire.

Entre les îles de Trignac, de Méan et de Groix,

---

[1] Un prochain volume du *Voyage en France* sera consacré à la région où s'est produit ce désastre social.

l'étier, fort profond, est franchi par la route de
Nantes, sur un pont très pittoresque construit en
1745. L'estuaire (d'où « étier ») du Brivet forme
un petit port, bordé de modestes chantiers de constructions. Là se construisent ces bateaux plats,
étroits, allongés, appelés *blains* qui, dans toute la
Brière, vont de canaux en canaux chercher la
tourbe et les produits du sol.

Des trois îles qui bordent le petit fleuve, la
moins régulière est l'île de Gron (213 habitants),
couverte par un village entouré de cultures et
sur laquelle tournent les ailes d'un moulin à
vent.

La route s'en va, maintenant, échappée aux
îles, pendant trois kilomètres, côte à côte avec
le chemin de fer, en pleine Brière. Aux abords,
le marais a été transformé en prairies entourées
de fossés bordés de tamarix. Des chevaux et des
bœufs y paissent en grand nombre. Cette partie
de la Brière est entourée par les îles, mais, au
sud, s'étend la vaste nappe de la Loire maritime,
agitée comme la mer par les vagues ; en se retournant, on aperçoit, au delà de l'étranglement
formé par les pointes de Saint-Nazaire et de Mindin, l'étendue sans bornes de l'Océan.

La gare de Montoir-sur-Loire, qu'il ne faut pas

confondre avec Montoire-sur-le-Loir[1], est dans ces prairies conquises sur la Brière. Mais le bourg est situé sur une « île », la plus vaste de tout le marais, celle dont le relief est le plus accidenté. C'est un gros village, d'apparence prospère, groupé autour d'une église singulièrement coiffée d'un dôme d'ardoises qui semble prêt à s'écrouler et qui est le point le plus en vue de toute cette partie de l'estuaire de la Loire. L'île, traversée par les deux chemins de fer de Chateaubriant et de Nantes et par la route nationale, renferme un grand nombre de hameaux dont les maisons s'alignent au bord de chemins sinueux. Des champs de blés et de pommes de terre, des bosquets d'ormeaux couvrent les petites buttes dont l'ensemble forme l'île de Montoir, longue de 3,500 mètres de l'est à l'ouest, large de 2,000 mètres. Le bourg n'a pas 750 habitants, mais c'est le chef-lieu d'une grosse commune, vaste de 5,659 hectares et peuplée de près de 8,000 habitants. Sur cet espace une grande partie est en « brières », le reste est couvert par les « îles » de Trignac, de Méan, de Gron, de Montoir, de Loncé, de Gris, de Reignac, de Saint-Malo-de-Guersac et de Fresny.

---

1. Voir *Voyage en France*, 2ᵉ série, page 173.

Entre les îles, la Brière est transformée en une belle prairie, découpée en damier par les haies de tamarix et pacagée par les troupeaux. Des bandes de moutons, presque tous à toison noire, errent dans ces pâturages, prolongés au loin par le marais de la Grande-Brière-Mottière. L'île même de Montoir, comme l'îlot de Loncé, couvert d'habitations ouvrières, n'est bordée que de prairies ; de même le monticule de Gris, couronné par son moulin, est entouré de ces prés gagnés sur la tourbière ; il faut aller plus au nord pour trouver le véritable marais.

La route, que les gens du pays appellent le chemin de Bretagne, car les Briérons comme les habitants du pays de Retz ont le sentiment confus d'être Bretons par la constitution politique de la province plus que par la race, est une large et belle chaussée reliant ensemble les îles comme le fil réunit les grains d'un collier. Elle traverse un instant les prés, puis, franchissant un canal, pénètre dans l'île de Saint-Malo-de-Guersac, la seconde de l'archipel par l'étendue. On a laissé de côté une petite île, longue d'un kilomètre à peine, large de cinq cents mètres et couverte de maisons blanches, habitées par des ouvriers de Trignac, c'est Loncé. Malgré sa faible étendue, elle abrite 269 insulaires, plus à proportion que Saint-Malo-de-Guersac. Celle-ci a près de trois kilomètres de longueur et de 1,500 à 2,000 mètres de large. De petits mamelons, dont le plus élevé atteint 13 mètres au-dessus de la mer, et surmontés de moulins, plusieurs hameaux : la Rosée, l'Ile, la Ganache, la Grée, Brais, le Pin, frangent ses bords.

La caractéristique de ces îles c'est que les habitations se sont groupées à la périphérie, là où un canal de ceinture accessible aux *blains* sépare le monticule solide de la plaine marécageuse. Chaque maison a ainsi son petit port particulier où stationne la barque. Jadis, quand toutes les communications se faisaient par le Brivet et les canaux, une telle disposition des demeures, sorte de legs des populations lacustres, s'imposait ; aujourd'hui le chemin de Bretagne traversant les îles, des maisons s'élèvent de chaque côté de la route.

Les habitants expliquent autrement cette ceinture de maisons ; ils me disent qu'on a construit les demeures là où était jadis le chemin. Mais pourquoi donc aurait-on fait un chemin circulaire sinon pour desservir les habitations, d'ailleurs à quoi bon des chemins dans de minuscules îlots entourés de canaux et reliés seulement entre eux par d'autres chenaux ?

Cette disposition avait un autre avantage : elle

laissait à la culture la surface presque entière de l'île. Jardins et champs occupaient tout le terrain à l'abri des inondations et des infiltrations du marais. Dans une contrée où la terre cultivable est si peu étendue, on devait évidemment s'efforcer de ne point la diminuer.

L'île de Saint-Malo a des champs jalousement fermés de haies d'aubépine. Dans ces enclos on cultive les céréales, les pommes de terre, les betteraves et les choux hauts sur tiges qu'on emploie dans tout l'Ouest pour la nourriture hivernale du bétail. Ces cultures d'hiver sont de toute nécessité ici; dès l'été on envoie les vaches et les moutons pâturer les prairies et même les marais de la Brière, mais l'hiver, quand l'eau a couvert la plaine, il faut ramener tout le bétail dans l'archipel et l'enfermer dans les étables et les bergeries. On l'y nourrit au moyen des plantes fourragères des champs et du foin coupé sur la prairie. Les provisions ne sont pas assez abondantes : dès avril ou mai on a les bêtes à la portion congrue. Alors les Briérons sont obligés d'aller dans les marais et les prés, encore recouverts d'une mince couche d'eau, faucher les herbes qui ont crû à travers la nappe et de rapporter le fourrage ainsi recueilli.

Les hommes, en dehors de ce travail et de la

récolte de la tourbe, s'occupent peu du sol dans les îles. On a vu qu'ils travaillent presque tous à Saint-Nazaire. Dans les champs on ne découvre guère que des femmes. Du Pin à Saint-Malo ce sont elles que je rencontre, arrachant les pommes de terre, retournant les champs, cueillant les feuilles de choux.

Le village de Saint-Malo est le plus petit de l'île, il n'a que 50 habitants, alors que le Pin en a 108 et la Rosée 405; mais il possède l'église, vaste et bel édifice gothique encore dépourvu de flèche et cependant si haut qu'on le voit de tous les points de la Brière, de l'estuaire de la Loire et des hauteurs du pays de Retz. Saint-Malo est au centre de l'île, sur la rive occidentale, bordant la route; Brais, la Grée et la Rosée se succèdent, leurs maisons couvertes en chaume ou en ardoises sont blanches et propres, les portes sont encadrées de vignes; au delà, dans le marais, paissent un beau bétail et des bandes innombrables d'oies blanches et de canards.

On quitte l'île en franchissant le Brivet au-dessus de l'écluse qui ferme aux marées l'entrée de la rivière. Ici est la limite de salure des eaux. La navigation maritime par chalands prend fin pour laisser la place à la navigation des blains.

Les deux rives du Brivet sont bordées de ces embarcations légères, pointues aux deux bouts, qui font autour des îles le service des charrettes en d'autres pays. La tourbe n'est pas le seul élément de trafic, les débris de tourbe, les curures des fossés de la Grande-Brière, sorte de vase noire et spongieuse, viennent, par les blains, dans les îles et forment d'immenses tas. Une fois secs, ces tas sont passés au tamis, la poudre fine ainsi obtenue fait l'objet d'un grand commerce, notamment à Angers, à Nantes et à Tours. C'est, dit-on, un engrais, mais peu riche en somme. Mêlé à la chaux, il sert à l'amendement des terres granitiques; mêlé aux vidanges, aux phosphates et à d'autres engrais, on l'emploie dans les terres calcaires. La récolte s'en fait l'hiver, quand la brière est sous l'eau, au moyen d'une sorte de dragage. Cette poudre noire, que des femmes tamisent en ce moment, est pour les Briérons la principale source de bien-être.

Le pont qui traverse le Brivet à sa jonction avec le Petit-Étier, venu de l'île de Fedrun, réunit l'île de Saint-Malo à l'île d'Aignac, longue de 1,500 mètres, large de 500 à peine. Mais cette petite île est une des plus peuplées de l'archipel, elle renferme plus de 900 habitants. La route la traverse par le milieu, dans la partie la plus solitaire ; on n'y rencontre qu'une grande briqueterie, une auberge devant laquelle gisent les débris d'un dolmen et plusieurs moulins à vent couvrant le sommet du monticule. Le village est au bord du marais, disposé en une rue circulaire ovale qui forme à l'îlot comme une clôture de maisonnettes blanches et d'ormeaux. Elles sont très riantes ces maisons, avec les plantes grimpantes de la façade et leurs mansardes encadrées par un toit de chaume d'une courbe élégante. Une fumée bleue monte dans le ciel, apportant cette âcre odeur d'incendie, spéciale à la tourbe, car on ne brûle pas autre chose ici.

Au cœur de l'île sont les champs et des pacages. Le bétail est d'une race robuste, bien plus forte que la petite race bretonne rencontrée au delà de la Grande-Brière. Les jardins avoisinent les maisons ; ils sont souvent clos par d'étranges palissades faites d'un bois noir comme de l'ébène. Ce bois est une des curiosités de la Brière ; il provient de l'antique forêt engloutie. Les arbres sont encore debout dans la tourbe et la vase, penchés comme les pins et les ormeaux de la côte moderne par le vent d'ouest. Pour les retrouver, on fouille les marais avec de grandes tiges de fer, — on dit *foncer* le bois ; — lorsqu'on a trouvé de la résistance, on fait une fosse pour parvenir à l'arbre. Celui-ci est solidement amarré, on y attelle chevaux, bœufs et gens et on finit à ramener au jour ces troncs enfouis depuis 2,000 ans peut-être. Si on laissait faire les Briérons, la forêt souterraine serait depuis longtemps épuisée, mais ces arbres rendent de tels services au pays que les dix-sept communes riveraines propriétaires de la Grande-Brière ont fait une espèce de code pour l'exploitation du marais. La tourbe, dans la partie communale, ne peut être recueillie que pendant une période variant de quatre à neuf jours ; pour les bois le délai est plus court encore : il ne dépasse pas quarante-huit heures. Il va sans dire que les parcelles de brière devenues propriétés particulières peuvent être exploitées en tout temps.

Ces bois servent à bien des ouvrages domestiques : clôture, menuiserie, chauffage. Les parties les plus noires et les plus dures, semblables en tout à de l'ébène, peuvent faire de la marqueterie ou des parquets.

De l'île d'Aignac, un chemin et un *étier* conduisent à l'île de Fedrun, le type le plus parfait de l'île briéronne. Elle est longue de 1,200 mètres et large de 700 ; la rue circulaire du village suit toutes les indentations du rivage que borde un

étier ; elle compte 595 habitants. Avec ses beaux
ormeaux on dirait un surtout de verdure sombre
posé sur le velours rouillé du marais. Un moulin
d'un blanc éblouissant tourne lentement. A travers les ormeaux apparaissent les blanches façades
des maisons.

Du côté opposé, vers l'est, surgissent d'autres
îles : la Lande, Ménac, peuplée de 395 habitants,
Bais, toutes trois fort jolies grâce à leurs arbres ;
elles semblent ne former qu'une terre, mais sont
séparées par de sinueux étiers. Plus au levant
encore est l'île régulière d'Errand ou Eran, peuplée de 235 habitants, entourée d'un réseau
d'étiers qui se relient au Brivet. Elle appartient
encore à la commune de Montoir, mais une de ses
voisines, Revins, formée de trois mamelons,
longue de 2 kilomètres sur 500 mètres de large,
fait partie d'une commune continentale, c'est-à-dire hors de la Brière, la commune de Besné.
Cette île, que traverse la route de ceinture de la
Brière, de Donges à Herbignac, est une des moins
peuplées, elle n'a que 36 habitants.

Par l'île de Fedrun que j'ai gagnée en venant
de l'île d'Aignac, une bonne chaussée m'a conduit dans l'île de Pendille. Si ce n'est pas la plus
vaste, elle est la plus peuplée de l'archipel ; elle
renferme le village de Saint-Joachim, chef-lieu

d'une commune de 4,705 habitants, composée des îles d'Aignac, la Lande, Ménac, Bais, Fedrun, Pendille et Mazin. Pendille est une langue de terre de 2 kilomètres, ne dépassant jamais 500 mètres de largeur. Le chemin de Bretagne forme au milieu une rue qui, sur toute la longueur de l'île, est bordée de maisons prospères, quelques-unes monumentales. Autour de cette artère principale est la rue circulaire qui borde les rives de l'étier. Ici les maisons sont basses, plutôt pauvres, beaucoup ne sont que des étables ou des bergeries pour l'hivernage du bétail. L'étier de ceinture est couvert par une infinité de blains amarrés devant les maisons.

La commune doit être riche, car elle achève en ce moment une église monumentale, de style roman, dont la flèche de pierre ajourée est fort belle. Le bourg est amusant à parcourir, à cause du mélange de vie citadine et de vie rurale. A peine a-t-on quitté la grande rue pour aller dans le chemin circulaire, que l'on est témoin de scènes des plus rustiques ; chaque maison possède son porc : pour l'empêcher de vaguer trop loin, on lui met une laisse ne lui donnant qu'une zone fort restreinte, mais il a défoncé et souillé cet espace de façon à faire un vrai cloaque de l'entrée des maisons. Malgré cette saleté, la rue circulaire

PARTIE CENTRALE DE LA GRANDE-BRIÈRE.

D'après la carte de l'état-major au $\frac{1}{80,000}$.

avec ses grands ormeaux, son étier calme, les blains qui vont et viennent, est fort intéressante à suivre.

J'aurais voulu voir l'extraction de la tourbe, mais cette année 1894 a été un désastre pour les 4,000 personnes qui se livrent à cette exploitation pendant les quatre ou neuf journées — selon les parages — où l'on autorise le tourbage. Les pluies ont été abondantes en juillet et en août ; le sol, au lieu de devenir compact et résistant, comme il l'est en été, est resté mouillé. Pour la première fois de mémoire d'homme, me dit-on, ce fait s'est produit ; la cueillette a à peine donné le dixième de ce qu'elle fournit année commune On a eu 2,000 tonnes au lieu de 20,000. Par contre, une autre industrie briéronne, la coupe des grands roseaux destinés à la confection des toits de chaume, a été favorisée.

D'ordinaire, la Grande-Brière-Mottière présente pendant le tourbage le spectacle le plus animé : sur l'immense marais, des milliers d'hommes creusent le sol ; la couche de tourbe, épaisse de 60 à 80 centimètres, est découverte et l'on y taille des petites mottes qui seront emportées soit par des charrettes, soit, lorsqu'un étier est à proximité, par les blains. A ce moment, les chantiers et les usines de Saint-Nazaire sont en partie désorganisés, tous les Briérons qui y travaillent les abandonnent pour aller extraire la tourbe nécessaire à leur chauffage domestique ou même à la vente dans les villes de Nantes et de Saint-Nazaire. On peut juger de l'exode qui se produit par ces chiffres : sur les 4,700 habitants de la commune de Saint-Joachim, 500 sont employés dans les usines de Trignac ou de la ville où ils se rendent chaque matin.

Les rares hommes restant dans les îles sont des pêcheurs qui poursuivent l'anguille et le brochet dans les étiers et les éleveurs de bœufs et de poulains.

Cette particularité a besoin d'être connue, autrement on pourrait croire, en visitant l'archipel, que tous les hommes sont partis ou ont succombé à un fléau comme la fièvre — qu'on s'attend à rencontrer en ce milieu. Cependant les fièvres sont inconnues ou peu violentes, la maladie la plus grave est le croup : il fait beaucoup de ravages parmi les beaux enfants, accoutrés comme de petits hommes ou de petites bonnes femmes et pullulant dans les hameaux.

Pour bien voir la Grande Brière, il faut monter dans le clocher de Saint-Joachim ; alors ce paysage étrange se détache sous les yeux comme sur un plan, formé de deux régions bien distinctes. A l'est, le marais a été partiellement conquis, les tourbes ont fait place à des prairies sur lesquelles sont posées les îles entourées d'arbres, vaguement semblables, par leur collier d'ormeaux, aux atolls de l'Océan Pacifique. Au nord et à l'ouest, c'est la Grande-Brière-Mottière proprement dite. Au nord, il y a quelques îles encore : Mazin, voisine de Pendille, ayant à peine 600 mètres de long sur 400 de large et qui est cependant fort peuplée. Cet écart aurait 325 habitants. A côté est l'île Oliveau, dépendant de la commune de Crossac. Puis le marais avec ses tourbières, ses mares, ses roseaux s'étend, traversé par le sillon blanc du chemin de Bretagne pendant trois kilomètres, et la chaîne des îles recommence : Kerfeuille, de la commune de Saint-Joachim, avec 25 habitants ; Camerun, dont les 265 insulaires occupent le chemin de ceinture ; Camert, avec 295 habitants, également répartis autour de l'île, et ses moulins construits au sommet de la butte. Camerun et Camert, de forme ovale, ont chacune un kilomètre d'étendue ; elles dépendent de la commune de la Chapelle-des-Marais ainsi que leur voisine, l'île plus vaste mais bien moins peuplée de Quebitre où l'on ne compte que 72 habitants. Une autre île de même étendue, 1,500 mètres sur 1,000, est plus populeuse, c'est Cuziac avec 125 habitants. Celle-ci, dépendant de la commune de Sainte-Reine, est traversée par la route de Sainte-Reine à la Chapelle-des-Marais.

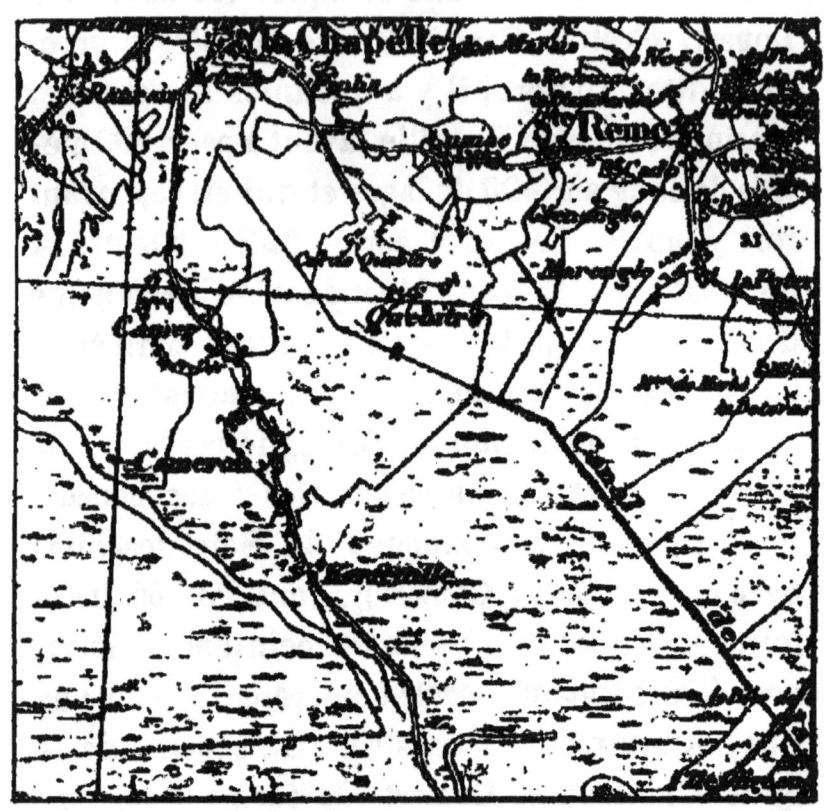

PARTIE NORD DE LA GRANDE-BRIÈRE.
D'après la carte de l'état-major au $\frac{1}{80,000}$.

C'est la dernière île de la Grande-Brière, mais celle-ci se poursuit au loin dans les terres par des bras remontant les vallées, tels les estuaires des petits fleuves bretons, et découpant le pays en une infinité de péninsules. A l'ouest, la Grande-Brière, sans arbres, sans îles, sans maisons, sans routes, s'étend immense et mélancolique. Les trous de tourbière dont elle est criblée sont remplis d'eau ; sous le soleil couchant on dirait des plaques de cuivre en fusion. Tout autour, mais loin, bien loin, les mamelons et les collines boisées d'Herbignac, de la Roche-Bernard et de Pont-Château font au vaste bassin une ceinture sombre. Sous les arbres on devine la roche robuste ; c'est bien la Bretagne qui apparaît ainsi, la Bretagne de Brizeux, terre de granit recouverte de chênes.

Si vaste soit le paysage ainsi vu de l'église de Saint-Joachim, ce n'est pas de là que l'on comprend le mieux la Grande-Brière. Il faut aller plus loin, sur la chaussée qui relie l'île de Pendille à l'île de Kerfeuille. Bientôt le relief déjà si bas des îles s'abaisse encore et la solitude devient d'une majesté douloureuse. Ces horizons plats semblent infinis, ils n'ont pas les aperçus inattendus de la Beauce, ils n'ont pas la vie des flots, car même par le calme on sent palpiter la mer. Pas un oiseau, pas un animal, pas un homme : on dirait un lac de plomb oxydé. Les perspectives y prennent une profondeur extraordinaire. Six kilomètres à peine nous séparent de l'église de Saint-Lyphard, on croirait en être à dix lieues.

Nulle part, même dans les landes de Gascogne, on n'éprouve un tel sentiment de solitude.

Cette partie déserte de la Grande-Brière couvre près de la moitié de ce territoire effondré : 6,600 hectares sur 15,000. Elle est livrée au plus complet abandon et forme entre la presqu'île de Guérande et le bassin du Brivet, qui fut jadis le duché de Coislin, un véritable obstacle ; aucune route ne relie Saint-Joachim à Saint-Lyphard, bien qu'un tracé figure déjà sur la carte du service vicinal. Pourtant, à en juger par les résultats obtenus autour de Saint-Nazaire, de Montoir et des îles de la Brière, la mise en valeur de ce désert tourbeux ne serait pas impossible si l'on complétait l'insuffisant réseau des canaux du Brivet, de la Boullaie et de Trignac par d'autres chenaux.

En somme la Grande-Brière-Mottière, avec son altitude de trois mètres au-dessus de la mer, est autrement facile à dessécher que les terres basses de la Hollande, les moëres de Dunkerque ou les watergands de Saint-Omer. Le vent est assez puissant et continu, en hiver surtout, pour faire mouvoir les ailes de moulins à vent actionnant des pompes qui rejetteraient dans le Brivet et la Loire les eaux hivernales. Ces milliers d'hectares pourraient, à peu de frais, être transformés en terres fertiles.

On se heurterait, il est vrai, à l'hostilité des Briérons qui voient dans l'immense bassin paludéen la source de leur bien-être. Les bois qui forment la charpente de leurs maisons, les roseaux qui composent le chaume, les mottes de tourbe qui brûlent dans leurs foyers viennent du marais, c'est le marais encore qui fournit à leur commerce la poussière de tourbe, les sangsues, le poisson d'eau douce ; c'est le marais desséché que paissent leurs bœufs, leurs moutons et leurs chevaux ; c'est l'herbe aquatique fauchée au printemps, pendant les courtes heures où la Brière fleurie semble un immense parterre, qui fournit aux étables la litière et la provende. Quels que soient les avantages du dessèchement du sol, les 15,000 habitants de l'archipel ne verraient pas sans chagrin leurs habitudes subir un tel changement.

Au fond, la Grande-Brière n'est pas aussi marâtre que tant d'autres marais. Elle a dans ses îles, ai-je dit, 15,000 habitants ; cela fait 100 par kilomètre carré, plus que la moyenne de la France, celle-ci étant de 72 seulement. Combien de pays riches et prospères envieraient une telle proportion !

XI

L'ILE DUMET ET LA PRESQU'ILE DU CROISIC

Les anciennes îles du Croisic. — Comment elles se sont rattachées au continent. — Les druidesses de Batz. — Pornichet, la Bôle et le Pouliguen. — Les marais salants. — Grandeur et décadence. — Le bourg de Batz. — Le Croisic. — En route pour l'île Dumet.

La Turballe.

La mer où César détruisait la flotte des Vénètes n'est pas toujours commode, me voici jeté à la Turballe, port de sardiniers, bourg rempli des effluves trop odorantes des « confiseries » de sardine et de thon ; l'embarcation qui m'a conduit a repris la mer pour rentrer au Croisic désespérant de toucher à l'île Dumet, tant le vent de *noroi* est violent. Voici la troisième fois que je ne puis doubler la pointe de Piriac. On m'a dit que demain il fera *peut-être* beau, mais demain je suis attendu à Belle-Ile.

Je ne regrette pas mon excursion cependant. En attendant une saute de vent, j'ai parcouru le petit archipel du Croisic, jadis formé de trois îles : Batz, Saillé et le Croisic, qu'un lent exhaussement des fonds marins a rattachées au continent ; si peu rattachées d'ailleurs ! Pour s'y rendre, par le chemin de fer ou par les routes, en venant de Saint-Nazaire ou de Guérande, il faut franchir sur des ponts et des ponceaux innombrables le chenal du Pouliguen et les rigoles d'alimentation des marais salants. Cette longue terre, qui va de la pointe du Penchâteau à la pointe du Croisic, est donc bien une île encore, unie au pays de Guérande par trois chaussées et une voie ferrée.

Jadis elle fut beaucoup plus étendue. Tout ce vaste golfe où les vases de la Loire remuées par le flot portent tant de troubles est encore parsemé de témoins d'une terre disparue. Rochers noirs dépassant les plus hautes mers, écueils remplis de varechs dépassant seulement au jusant, font de cette entrée en Loire un des parages les plus difficiles de nos côtes. Aussi phares et feux sont-ils nombreux ici. La nuit, quand le ciel et la mer se confondent, les lumières qui guident les navires prennent sur l'écran du ciel étoilé l'aspect d'astres puissants.

De la pointe de Chemoulin, dressée comme une sorte de môle à cet avant-port de l'estuaire de la Loire, on a une vue saisissante sur tous ces débris d'une terre disparue. Au large, le Grand-Charpentier et son feu scintillant, le Petit-Charpentier, la Vieille, les Pierres-Percées, Baguenaud, le plus vaste de ces rochers, les Evens sont les restes d'une chaîne qui diminue de siècle en siècle par l'effort de la vague. Plus au sud, un autre plateau de roches, la Banche, est éclairée par un grand phare, dont la portée est de 12 milles. Là, en des temps géologiques reculés, le continent s'étendait, ou plutôt une grande île faisait de l'estuaire de la Loire un vaste delta.

Mais si rien dans la mémoire des hommes ne permet de fixer une date à ce grand cataclysme, l'histoire est plus précise en ce qui concerne le bourg de Batz et le Croisic. Tous les historiens romains nous montrent, à l'embouchure de la Loire, des îles habitées par des druidesses non moins farouches que celles de Sein. Le simple aspect du sol prouve qu'il en fut bien ainsi; si l'on ouvrait toutes les vannes des marais de Guérande pendant les grandes marées de vive eau, si l'on rompait la pointe artificielle de Pen-Bron, la péninsule granitique serait rapidement séparée du continent auquel elle ne tient que par d'étroites chaussées.

La mode des bains de mer tend aussi à enlever

à l'île du Croisic son caractère particulier ; mœurs et coutumes ont persisté malgré tout, car ce petit peuple est breton et participe de l'étonnante résistance de la race à l'influence du dehors ; mais bien des fissures se produisent, par lesquelles s'en va, invisiblement, ce qui fit jadis l'originalité de ce coin de terre perdu entre les tempêtes de la mer et les bas horizons des marais de Guérande. Déjà, pour les esprits superficiels, il n'y a là que des villes de plaisir : Pornichet, la Bôle, le Pouliguen et le Croisic.

Mais si l'on veut oublier les plages élégantes, les villas de style ou les pseudo-châteaux de féodale allure, cette île de granit réserve encore bien des joies au voyageur, surtout s'il n'y va pas à l'époque où l'élégante foule des plages noie dans ses flots toujours renouvelés les paludiers de Batz et les pêcheurs du Croisic.

Le chemin de fer de Saint-Nazaire, après avoir traversé un coin de la Grande-Brière, entre l'île de Drefféac et l'île de Faugaret, déroule ses courbes sur le plateau de Saint-André-des-Eaux pour atteindre Pornichet. On va plus vite par là, mais on ne voit pas la côte de Chemoulin, où la mer est si belle avec ses innombrables rochers. C'est par la côte qu'il faut gagner Pornichet.

Malgré l'engouement dont cette station est l'objet, il lui reste beaucoup à faire pour remplacer Dieppe ou Deauville; les villas sont belles, mais les rues sont par trop sommairement entretenues et l'étier qui débouche sur la plage ressemble vaguement à un égout. Les dunes manquent d'arbres aussi. Malgré tout, Pornichet prospère; sa plage, d'un sable blanc, fin, doux et résistant, est une des plus belles de l'Océan. Jusqu'au Pouliguen et à Penchâteau, c'est-à-dire sur six kilomètres, elle déroule sa courbe harmonieuse au pied des dunes boisées où les villas sont déjà nombreuses. On espère voir un jour un cordon ininterrompu de chalets couvrir les dunes; escomptant cet avenir, on a créé ici un des plus singuliers petits chemins de fer de France, doublant à moins de 100 mètres la ligne du Croisic. C'est le *Trait d'union*, tramway à vapeur allant de Pornichet au Pouliguen par la plage même. Les traverses et les rails posés sans grands frais sur le sable résistant portent des wagons-chars à bancs et de petites locomotives semblables en tout au Decauville de l'Exposition de 1889. Qui l'eût dit, il y a quarante ans seulement, lorsqu'on venait au Bourg-de-Batz et au Pouliguen chercher les coins les plus curieux de la Bretagne par les mœurs et les costumes!

Au delà de Pornichet, de ses grands hôtels et

de son casino commence une région de hautes dunes formées par les débris des plateaux rocheux rongés par la mer et les sables charriés par la Loire; elles occupent en partie le bras de mer qui séparait jadis l'île du Croisic du continent, en partie la terre ferme elle-même, sur laquelle les sables se sont accumulés, ensevelissant l'ancien village d'Escoublac. Ce massif de petites collines arénacées ne couvre guère qu'une cinquantaine d'hectares; il est fort curieux cependant, à cause de la hauteur de ses principaux monticules dont plusieurs atteignent 59 mètres au-dessus de la mer. Au milieu du siècle dernier, leur marche était telle qu'il fallut abandonner Escoublac. Le village fut évacué en 1775. Les dunes auraient peut-être gagné le nouveau bourg d'Escoublac et comblé les salines jusqu'à l'ancienne île de Saillé si, de nos jours, on ne les avait reboisées. Une belle forêt de pins les recouvre; sur le littoral même les arbres sont rares, mais la dune n'en est pas moins fixée, un gazon court, émaillé d'immortelles jaunes et de petits œillets d'un rouge vif, en maintient la surface. Les dunes sont devenues la propriété d'une société qui cherche à les transformer en ville de bains. Déjà les chalets poussent et une ville de coquettes villas s'est construite à la Bôle, aux abords de la gare d'Escoublac. Ce serait exquis si, au lieu d'être collés les uns aux autres sur un étroit espace, ces chalets aux couleurs éclatantes avaient été disséminés sur les dunes et dans les pins.

A partir de la Bôle la plage s'anime, le Decauville, toujours à la base de la dune, longe de belles villas, largement espacées et entourées d'arbres, jusqu'au chenal du Pouliguen, qui sert à la fois de port, de canal d'alimentation pour les salines et de débouché aux eaux de pluie et de source du plateau de Guérande. Le port est surtout utile aux petits navires qui viennent charger les sels de Guérande ou les produits chimiques obtenus dans les usines qui traitent les sels. Il est charmant, avec sa bordure de grands arbres, ses nombreuses embarcations, les yachts élégants qui s'y abritent pendant la saison. Le temps est loin, en effet, où Jules Sandeau, dans un livre attachant pour les enfants — et les grandes personnes — qui a nom la *Roche aux Mouettes,* disait du Pouliguen qu'il l'aimait parce qu'on y vit simplement et à peu de frais, « que le monde élégant le dédaigne, l'évite ou ne le connaît pas ». Si le Pouliguen a conservé son aspect familial, autour de son petit port, il lui est poussé sur ses flancs, vers la Bôle et aux rochers de Penchâteau de luxueux faubourgs. C'est par Penchâteau surtout que la mode prend possession de l'île du Croisic. Ah! nous sommes loin ici des farouches druidesses qui habitaient les grottes du rivage et dont les écrivains de l'antiquité font un si terrifiant tableau.

De la plage du Pouliguen et des rochers de Penchâteau, on a un superbe horizon de mer, dont le bleu profond est rendu plus profond encore par le contraste des îlots rocheux aux couleurs fauves semés sur l'immense Océan, et par la blancheur des sables de la plage qui ont valu son nom à la bourgade — *Pouliguen : petite baie blanche*. Au loin d'autres rochers, ceux de la Banche, plus loin encore la pointe de Saint-Gildas qui masque Pornic et une terre basse paraissant flotter sur les eaux : l'île de Noirmoutier.

Penchâteau, accru chaque année par des villas nouvelles, fut sans doute le séjour des druidesses et l'un des centres de la résistance contre la conquête romaine. Les vestiges confus d'un camp indiquent que les conquérants avaient établi là une protection pour leur flotte venue de rivage en rivage ; en ce temps où l'on n'osait voguer au large et où les navires allaient chaque soir s'abriter à la côte, une saillie aussi considérable du rivage à l'entrée du golfe de Loire, d'où l'on pouvait gagner en bateau le cœur de la Gaule, avait en effet

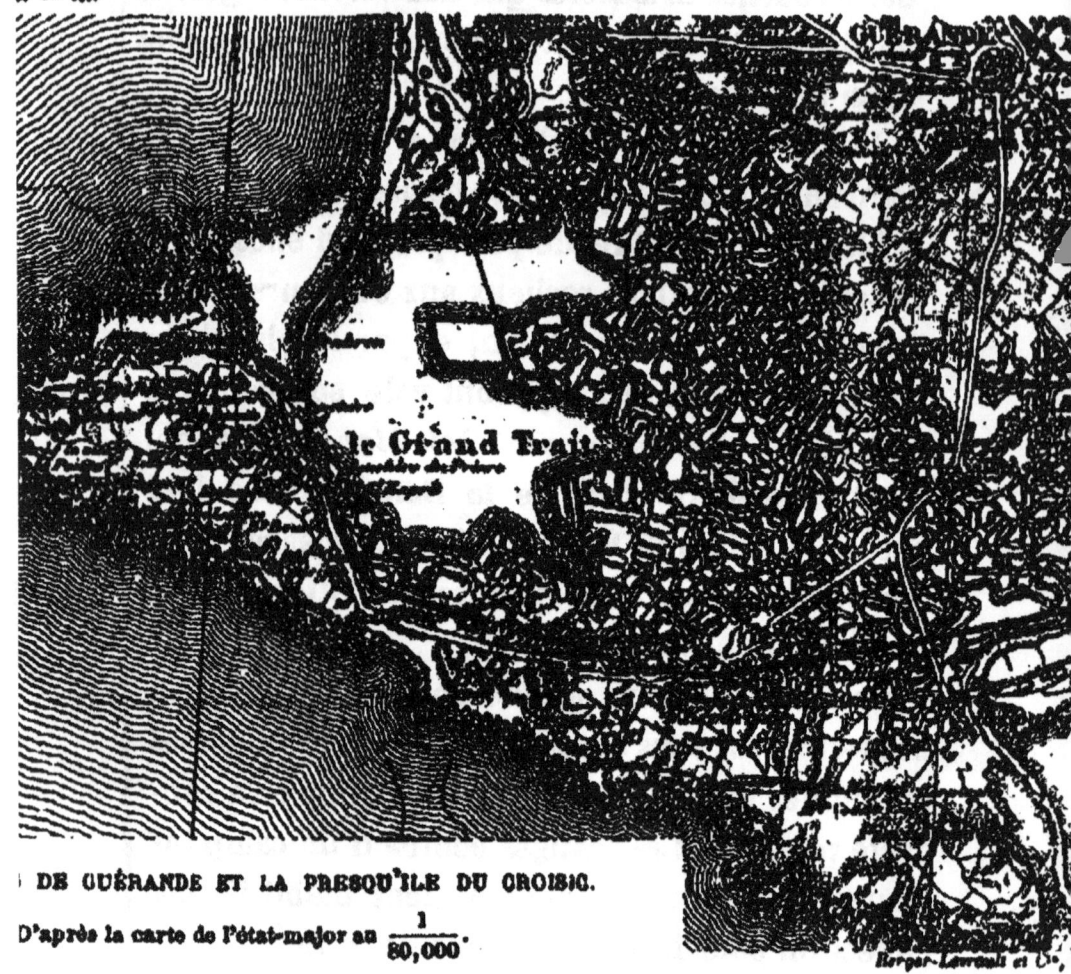

DE GUÉRANDE ET LA PRESQU'ÎLE DU CROISIC.

D'après la carte de l'état-major au $\frac{1}{80,000}$.

une valeur stratégique énorme. Aussi comprend-on les archéologues qui placent ici la fameuse bataille navale dans laquelle les Romains détruisirent la flotte des Vénètes, bataille que d'autres archéologues, non moins convaincus, livrent à Port-Navalo, à l'entrée du Morbihan.

La côte de Penchâteau, hérissée de rochers capricieusement découpés et percés de grottes, est fort belle, la péninsule qu'elle borde est soigneusement cultivée ; mais les champs, entourés de murs épais en pierres grises non cimentées, sans arbres, donnent une impression de tristesse. Pas de maisons, mais çà et là un moulin à vent dont les ailes tournent sans cesse. Un bétail maigre et des bandes d'oies paissent dans ces enclos solitaires. En ce moment la moisson est faite et l'on enlève les gerbes pour les porter vers le bourg de Batz. Je m'attendais à trouver le paludier classique, au singulier costume popularisé par la gravure et par les « souvenirs » emportés de Bretagne. Hélas ! ce sont des paysans quelconques, un béret sur la tête ; cette coiffure, précieuse dans ce pays du vent, tend de plus en plus à s'implanter. Les gars et les jeunes filles qui s'en vont indolemment sur la voiture chargée parlent français, un français analogue à celui du pays de Retz. Je suis les voitures sur la route qui traverse les marais saluants; elles me mènent à Kermoisan, village au nom bien breton. O surprise ! il y a là une, deux, trois machines à battre mues par la vapeur, toutes ces voitures venues de la péninsule portent leurs gerbes à la batteuse, comme jadis les ânes portaient le blé au moulin. Cet abandon du fléau et de l'aire est un changement profond dans les mœurs.

Couverts de poussière, hommes et femmes alimentent la machine, recueillent le grain, entassent la paille, tout en causant. Ici le breton domine, on n'entend plus un mot de français. C'est que le petit groupe de hameaux où aboutissent les routes venues du pays de Guérande a conservé sa personnalité : Kervalet, Kermoisan, Kerdreau, Pinquer, Trégaté, sont un noyau bretonnant dans ce pays qui a perdu son dialecte. A Batz, le breton est à peine compris, personne ne le sait au Croisic ou au Pouliguen, sauf les émigrés de la Bretagne bretonnante.

Les maisons de granit brut, noircies par les ans, couvertes de mousses et de lichens, ont aussi conservé l'aspect des hameaux de Basse-Bretagne. Pour le voyageur venant de Paris, c'est vraiment la première apparition de l'Armorique.

Nous sommes là en plein pays de sauniers. Quelques pas à faire, voici Trégaté, puis l'immense étendue des marais, découpés à l'infini par des digues qui entourent les bassins d'évaporation. Moins étendus que ceux de la Saintonge et des îles de Ré et d'Oleron, ils présentent une masse plus compacte et un aspect bien plus curieux. Il y a ici, d'un seul tenant, 250 marais couvrant 1,700 hectares.

Je ne reviendrai pas sur la récolte du sel, j'en ai assez parlé déjà à propos de Marennes. L'organisation de la saline est toujours la même, mais ici les noms changent. Les carrés sont appelés des *œillets*; pour y amener l'eau déjà concentrée par une première évaporation, il y a un système bien plus compliqué que dans le Sud-Ouest où les journées chaudes sont plus nombreuses : elle y parvient par des *adernes* ou *hauternins* qu'alimentent les compartiments appelés *vivres* ou *fars*, où déjà les eaux sont venues des *cobiers* ou *métières* alimentés eux-mêmes par les *vasières* que les étiers remplissent. Tout cet appareil, très compliqué, nécessite des travaux incessants d'entretien qui élèvent fort le prix du revient du sel. Déjà difficile par la concurrence des sels de l'Est et du Midi[1], la récolte est devenue peu rémunératrice

---

1. Voir dans ce volume le passage consacré aux salines de l'île de Ré, page 152.

à cause de l'inconstance des saisons. Pour une année chaude comme 1893, que d'années où le produit des salines a été presque nul ! Au moment où je traverse les innombrables œillets qui bordent le chemin de Trégaté à Guérande, le *rable* ou râteau sans dents des paludiers n'a pas encore amené le moindre cristal de sel sur la *ladure*. Aussi n'y a-t-il guère d'autre *mulon* de sel, enduit d'argile pour préserver des pluies, que ceux de l'année dernière. On n'a encore recueilli ni sel gris ni sel blanc. Ce dernier est le premier ramassé, à la surface même de l'œillet, qui en produit moins de 100 kilogr., tandis qu'au-dessous le sel mêlé de particules terreuses, qui lui valent son nom de sel gris, fournit encore 10 ou 12 quintaux métriques. Le sel gris alimente les usines du Pouliguen.

Il ne faut donc pas s'étonner si les marais salants, connaissant de moins en moins ce que les paludiers appellent « être en fleur », sont abandonnés, si les tas éblouissants de blancheur diminuent. Que d'œillets, au lieu de sel, ne présentent plus que des végétations verdâtres ou rouges, dans lesquelles les anguilles et les crabes pullulent !

Saillé est au centre du marais. C'est un misérable village dans lequel viennent se croiser les deux principales routes de la saline. Il est bâti sur une ancienne île que les atterrissements ont rattachée au rivage de Guérande. On a une date approximative pour la formation de la langue de terre qui réunit Saillé au continent et la naissance des marais salants. En 559, une bataille navale fut livrée sous les murs de Guérande, alors *Granonna*, entre la flotte du roi Clotaire et celle de son fils révolté. La période d'exhaussement du sol et la fin de l'époque insulaire du Croisic remonteraient donc à mille ans à peine. D'ailleurs on n'obtient qu'artificiellement la réunion de la presqu'île et du continent : les grandes marées atteignent près de deux mètres au-dessus des marais salants ; sans les digues, les salines seraient envahies par la mer.

Cette conquête, jadis bienfaisante pour le pays, a perdu toute sa valeur aujourd'hui ; la culture du sel est plutôt une charge pour le propriétaire des œillets qui trouve difficilement à faire exploiter. Dans le marais de Guérande, en effet, la récolte du sel est confiée à des paludiers de profession qui doivent donner au propriétaire le quart de la récolte prise au bord de l'œillet. A partir de là c'est au maître de la surface à faire conduire le sel au mulon. Aussi, par l'avilissement des prix les années d'abondance, par le manque absolu de récolte les années pluvieuses ou brumeuses, la valeur du marais est tombée au-dessous de tout ce qu'on pourrait imaginer, le dixième à peine de ce que l'on comptait il y a 40 ans. De là cet abandon navrant.

On aurait tort de s'obstiner dans une lutte impossible. Puisque la saline ne peut plus nourrir son homme, on ferait mieux d'imiter les Hollandais et de transformer ces terres basses en prés et en cultures. Tous les marais, les golfes sans profondeur du Grand et du Petit-Trait, au nord du Croisic, pourraient devenir, comme les Moëres ou la mer de Harlem, de florissants cantons agricoles. Le pays y gagnerait non seulement en bien-être, mais aussi en salubrité. Si le marais salant exploité est déjà dangereux pour la santé, combien plus malsains sont les œillets dont l'eau n'est plus renouvelée. L'œuvre de transformation des marais salants de Guérande est une de celles qui s'imposent, la fréquence des vents permet à peu de frais l'épuisement des eaux au moyen de moulins, la fréquence des pluies sur le littoral assure un prompt dessalement des terres.

Telle doit être la pensée de l'économiste. L'artiste, lui, ne verrait pas disparaître sans regret cette mélancolique étendue de damiers scintillants dominée par les hautes mottes des mulons ou les tas éblouissants de sel blanc, il ne pardonnerait pas au paysan de remplacer par le travail banal de la fenaison la silhouette fantastique du paludier amenant le sel sur les bords de l'œillet, ou le fantôme noir des paludières courant nu-pieds, jambes à demi découvertes, sur les étroites plates-formes, portant sur la tête les paniers pleins de sel. Cette activité, cette vie de la saline, aux années de production, ne sauraient faire oublier la misère de ces braves gens, nourris de pommes de terre bouillies, de crabes et de berniques ramassés à la mer. Heureux encore, pendant les années où l'on peut acheter des pommes de terre[1] !

En ce moment la misère menace, voici bientôt septembre et la récolte n'est pas commencée ; de même que les Briérons n'ont pu exploiter leur tourbe, de même les paludiers de Batz et de Guérande n'ont pas encore vu *l'œillet en fleur*. C'est la détresse noire pour le prochain hiver.

— Nous reverrons peut-être le temps, me disait-on dans l'île de Saillé, où les paludiers restaient au lit pour ne pas être obligés de faire un de leurs maigres repas.

---

[1]. La vie du paysan paludier du bourg de Batz a été l'objet d'une intéressante monographie de M. Delaire.

En route pour Batz maintenant, par un autre chemin des salines. On suit d'abord la route de la Turballe pendant deux kilomètres et l'on prend un chemin sinueux de trois quarts de lieue qui aboutit à Kerbouchard, sorte de faubourg du bourg de Batz, près du chemin de fer. L'aspect des maisons a changé. La plupart sont blanches, beaucoup de constructions sont modernes, on devine une certaine aisance; il faut l'attribuer sans doute à l'affluence des baigneurs qui apportent ici, pendant trois mois, des ressources plus sûres que l'industrie salicole. Certains bâtiments sont très vastes; par les portails ouverts on aperçoit un amoncellement énorme de cristaux blancs; ce sont les sels de choix destinés à la consommation; l'année précédente a été d'une telle abondance que les greniers à sel sont encore remplis. Allons! peut-être nos amis les paludiers ont-ils quelques réserves pour l'hiver qui s'annonce.

Peu d'hommes dans les rues du bourg; on ne rencontre que des femmes coiffées de l'élégant bonnet tuyauté. Mais pas un seul de ces costumes célèbres par le monde. Sans les marchands de coquillages et de « souvenirs » sur lesquels sont gravés ou peints les indigènes de Batz dans leurs atours du dimanche, on ne se douterait pas de la persistance des vieilles modes. J'ai vu des bérets, mais pas un seul de ces chapeaux symboliques dont un côté replié forme une corne qui, selon sa disposition, révèle la situation de son propriétaire dans le monde : la corne cavalièrement posée sur l'oreille indique un jeune homme, la corne par derrière c'est un homme marié, mise en avant c'est un veuf.

Les jours de fête, le chapeau de Batz s'orne de chenilles de couleur; le paludier porte alors, comme le font d'autres districts bretons, plusieurs gilets de teinte et de hauteur différentes formant des degrés; une vaste collerette de mousseline couvre les épaules. Le pantalon est en toile plissée, il s'arrête aux genoux, retenu par des jarretières au-dessus de bas de laine. Les hommes mariés complètent par une veste rouge ce costume qui ne manque pas d'élégance. Le jour du mariage, de grands flots de rubans pendent de l'épaule.

Du moins telle est l'image classique vendue à Batz et représentant les mariés du bourg. Quant aux femmes, elles ont un plastron de couleur, vert ou bleu, broché de soie, ouvrant sous un corset rouge à larges manches; les gilets à plusieurs rangs et couleurs des hommes sont remplacés par des jupes de même disposition, une large ceinture de soie aux teintes éclatantes, brodée d'or et d'argent et appelée livrée, enfin un tablier de soie pour lequel on cherche la couleur la plus vive : feu, écarlate ou violet, et des bas d'évêque ou de cardinal complètent les costumes. Il en reste encore paraît-il, mais on ne les rencontre guère qu'aux jours de fête.

Mon fils Pierre, à qui j'avais promis cette joie des yeux et qui, malgré ses neuf ans, a comme un petit homme fourni cette longue course, est fort déçu. Un détail qui ne m'avait pas frappé lui fait oublier sa déception.

— Tiens, papa ! tous les gens s'appellent ici Lehuédé !

Et c'est vrai ; sur quatre enseignes de bouchers, d'épiciers ou de merciers, trois portent ce nom de Lehuédé. C'est que le bourg de Batz se distingue encore par une autre singularité : les gens se marient entre eux, ils vont difficilement chercher femme au dehors, de là cette répétition des mêmes noms. Il y a trois ou quatre vocables dans la commune, semblant indiquer autant de tribus, dont celle des Lehuédé serait la plus nombreuse.

Ici encore on peut signaler une fissure dans les antiques mœurs. Les gens de Batz s'expatrient. J'ai rencontré des Lehuédé non seulement au Pouliguen, ce qui s'explique par le voisinage, mais encore à Saint-Nazaire et jusqu'à Nantes. Il ne faudrait pas chercher beaucoup dans le petit monde des Halles centrales à Paris pour en trouver quelque douzaine. Le succès de ces premiers émigrants déterminera d'autres habitants de Batz à quitter leurs marais et leurs petits champs clos de granit.

Si l'originalité de Batz s'en va avec le costume, il reste toujours au bourg sa situation curieuse sur cette île étroite perdue entre la mer et les marais, les beaux figuiers de ses jardins, la végétation à demi méridionale de quelques enclos, sa belle église Saint-Guénolé aux voûtes harmonieuses dont les clés sont des œuvres curieuses et qui est, pour le voyageur venant des autres parties de la France, le premier exemple des églises à chœur dévié dont la cathédrale de Quimper est le type. Les architectes ont voulu compléter le symbole des églises dessinées en croix par le transept, en montrant la tête du Christ inclinée sur l'épaule.

En allant à la petite plage de Batz on rencontre, à côté de Saint-Guénolé, les belles ruines d'une autre église ogivale, Notre-Dame-du-Mûrier, elles aussi popularisées par l'imagerie et la gravure. Elles donnent au bourg son principal caractère, car Batz est assez banal comme ville, c'est d'autant plus surprenant que le Croisic, sa voisine, est riche en intéressantes demeures particulières.

En route maintenant pour le Croisic, relié à la

presqu'île de Batz par un isthme très étroit; on ne peut juger de cette disposition à cause du chemin de fer qui a jeté un remblais dans les marais salants et élargi ainsi le pédoncule couvert de dunes où passait la route. De la partie la plus étroite on a vue, par instants, d'un côté sur la mer, de l'autre sur les marais et la vaste baie du Trait qui assèche à marée basse. En ce moment le Trait est à sec, un grand nombre de femmes courbées en deux le parcourent, fouillant dans la vase et le sable, ce sont des pêcheuses de palourdes.

Par les dunes, par un plateau de cultures que dominent des moulins à vent nous gagnons le Croisic dont on aperçoit la gare et un morceau de faubourg; tout le reste est masqué par une haute butte autour de laquelle s'enroule un chemin aboutissant à une plate-forme d'où la vue est superbe. Ce mamelon, qu'on prendrait pour un tumulus, est d'origine récente, on l'a élevé en 1816 pour donner de l'occupation aux paludiers réduits à l'inaction. De là on découvre la presqu'île entière, Guérande, ses marais et le vaste golfe dans lequel débouche la Loire. Le bourg de Batz et, d'une façon plus intime, le Croisic, montrent leurs maisons blanches aux toits aigus d'ardoises. Plus belle est encore la vue, du haut d'une autre butte de même nature érigée à l'entrée du port pour y dresser le sémaphore et les feux. C'est aussi un « mont », le *mont Lenigo*; du sommet on voit tout à coup apparaître l'Océan qui, au delà du phare du Four, s'étend à l'infini. C'est un des plus merveilleux horizons de mer; il paraît d'autant plus étendu vers l'ouest que, au nord, se détachent des terres rendues vaporeuses par l'éloignement. L'île Dumet, très basse, Houat et Hoëdic à peine visibles, puis la terre plus haute et plus vaste de Belle-Ile où je serai bientôt. Plus près, la flèche de sable et les dunes de Pen-Bron, qui se prolongent, fauves, jusqu'à la Turballe, en un cercle doucement décrit.

Du haut du mont Lenigo, à l'heure de la marée, le spectacle est d'une gaieté sans pareille : des barques de pêche aux voiles rousses, blanches ou grises arrivent rapidement en frôlant la grande jetée de granit qui préserve la baie contre les vents du large. Le port, petit et peu profond, est séparé du Trait par deux îlots, le Grand et le Petit-Jonchère, couverts d'une herbe courte que paissent des moutons. Au delà, la pointe de Pen-Bron, très mince, mais accrue par les sables, est un legs du duc d'Aiguillon, ce gouverneur de Bretagne auquel la province a dû tant d'œuvres utiles. Pen-Bron devait préserver les deux baies du Grand et Petit-Trait et par suite les salines des trop fortes irruptions de la mer. Cette péninsule, sans arbres, battue par tous les vents, est aujourd'hui occupée par le sanatoire de Pen-Bron, où les enfants scrofuleux sont traités. On obtient des merveilles dans cet asile.

Cette pointe extrême de notre territoire, baignée par les fortes houles de l'Océan et par la mer plus calme du Trait, offre un air fortement imprégné de molécules salines, aussi la hideuse scrofule est-elle vite enrayée. Le succès de Pen-Bron a fait naître un autre établissement : les frères de Saint-Jean-de-Dieu ont créé un hospice où ils traitent les mêmes infirmités.

La ville même est aimable, beaucoup d'habitations ont grand caractère ; comme dans toute cette partie de la Bretagne, les édifices sont en granit, mais ces matériaux, d'ordinaire si robustes que les lignes architecturales y perdent en légèreté, ont ici une élégance bien faite pour surprendre si l'on ne sait pas l'histoire du Croisic et le brillant passé de cette cité qui joua jadis le rôle actuel de Saint-Nazaire. C'était un des centres les plus importants de la Bretagne, enrichi par la pêche et les salines ; ses armateurs, en partie protestants, en avaient développé le commerce et l'industrie au plus haut degré. Comme pour tant d'autres villes, la révocation de l'édit de Nantes amena la ruine.

Il lui reste un océan merveilleux, les belles falaises, les grottes marines, les côtes déchiquetées qui font de l'ancienne île un de ces coins que l'on ne saurait oublier.

C'est le Croisic que j'avais choisi comme port d'embarquement pour l'île Dumet où devait me conduire une barque à la coupe élégante, à la fine mâture. Son propriétaire, malgré la pluie qui s'était mise à tomber, m'assurait que le temps allait se mettre au beau ; pour l'aider à la manœuvre il avait pris un de ses amis, capitaine au long cours comme lui, ancien pilote de l'amiral Courbet décoré pour avoir guidé notre flotte contre celle des Chinois. Ce dernier marin n'avait pas confiance, des grains successifs tombaient sur la mer, soulevant au loin des lames violentes. « Nous mettrons longtemps, si nous arrivons », disait-il.

En route, cependant ! J'en crus le patron m'assurant qu'au Croisic le temps allait toujours devenir beau quand il se montre mauvais. A la voile ! La mer a monté, le Trait est maintenant rempli, l'immense plage de sable est un beau golfe, nous louvoyons quelques instants entre les rochers et enfin nous voici au musoir. La mer moutonne et s'élance en fusée contre la jetée, mais notre embarcation se comporte à merveille. L'Océan semble donner raison au patron, il s'apaise un peu et nous berce sur une houle profonde. Mes compagnons ne sont allés qu'une fois à l'île Dumet et ne s'expliquent guère mon désir de voir ce plateau herbeux perdu dans les brumes, qui vient d'être vendu et dont l'acquéreur doit démolir en ce moment le fort qui a été déclassé. Qu'y verrez-vous? me dit-on, il n'y a qu'une ferme, le gardien qui s'appelle M. Hubeau, quelques chevaux et des vaches.

Mais c'est cela même que je voudrais voir. Hélas! je ne le verrai pas, le ciel s'obscurcit, le vent soufflant tout à l'heure du nord-ouest et qui pouvait nous conduire, tourne franchement au nord; en quelques instants une rafale arrive mêlée de pluie, des lames s'élèvent de nouveau, la chaloupe *appuie* bien, nous n'avons pas de roulis, mais le tangage est dur et saccadé.

— Tiens, il est joli, ton beau temps! dit ironiquement le pilote de Courbet.

Mon pauvre petit Pierre a le mal de mer, il s'est couché au fond de la barque et cependant il est si heureux de l'aventure qu'il ne veut pas entendre parler de rentrer. Le grain est passé, le soleil brille. Ce n'est pas pour longtemps. Le vent est resté tourné au nord et l'on me déclare qu'il faudra trois ou quatre heures de plus pour rallier Dumet.

Va pour quatre heures. Mais les grains recommencent, deux autres viennent successivement

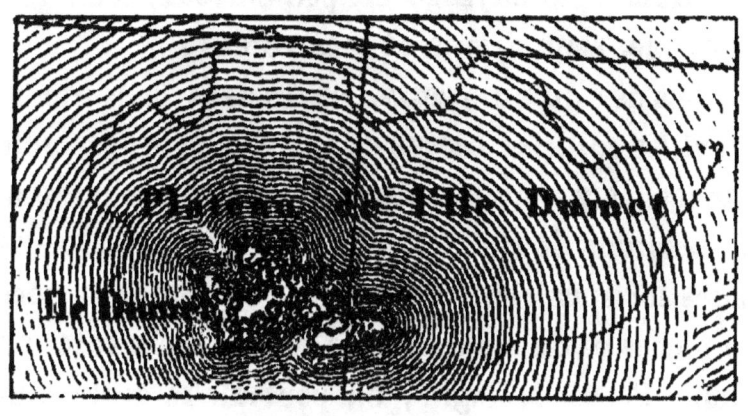

L'ILE DUMET.

D'après la carte de l'état-major au $\frac{1}{80,000}$.

sur nous, la pluie, les lames qui embarquent vont bientôt nous transpercer, nous n'arriverons guère à Dumet avant le soir. L'île n'est pas loin pourtant, on la distingue nettement à dix kilomètres, mais le vent vient de là, en plein « debout ».

Il faut renoncer à la partie pour aujourd'hui. Nous sommes en vue de la Turballe, petit port de pêche où la mer est encore assez haute et pouvons y atterrir. Dès que nous sommes à terre, le soleil est revenu, mais le vent fraîchit toujours. Au bout de deux heures, la chaloupe reprend sans nous le chemin du Croisic — nous reviendrons par Guérande.

La Turballe est un gros bourg sans intérêt, sauf aux heures où arrive la flotte des pêcheurs de sardine. Le paysage est peu curieux, bien gris et morne, sans arbres et sans verdure.

Mais dès qu'on a suivi un instant la route et gravi les collines basses de Guérande, le spectacle change. Il y a un monde entre ce coin de terre et les environs de Saint-Nazaire. Champs enclos de haies touffues, bois de chênes, fontaines ornées de niches et de statuettes de saints, nous voici en pleine Basse-Bretagne, on pourrait se croire autour de Vannes ou d'Auray.

Les noms des hameaux ont des consonances sonores. Et Guérande, la ville aux vieilles murailles de granit, aux tours rondes se mirant dans l'eau des douves, avec ses rues étroites, ses églises sculptées comme des châsses est tout aussi bretonne que Lannion ou Saint-Pol-de-Léon. Le train va partir, il me faut traverser en hâte la curieuse ville en n'emportant que cette rapide vision. Mais Guérande est une de ces cités auxquelles on dit au revoir.

Ne pouvant aborder Dumet pendant ce voyage, car j'espère bien y parvenir un jour, j'ai demandé au régisseur de l'île, qui vit un peu là-bas comme Robinson, des détails sur l'existence qu'il mène loin de tout commerce avec les continentaux, recevant rarement des nouvelles, car il n'y a pour l'île Dumet ni service postal, ni rien qui ressemble à un service quelconque.

Quel monde exigu me décrit-il! L'île, en en suivant toutes les indentations, a 2,600 mètres de tour, sa longueur est de 600 mètres à peine, sa forme « rappelle une botte à la d'Artagnan », très évasée par le haut. Au nord-est se trouve une baie peu profonde mais bien abritée des vents du large. Les grèves en sont formées de galets de couleurs très variées, dans lesquels le quartz domine. C'est le *grand port* des pêcheurs, qui viennent parfois y relâcher.

Au nord-ouest, une autre baie, plus profonde, possède une belle plage de sable fin.

L'île entière est un plateau nu, légèrement ondulé, dont la hauteur varie entre 8 et 11 mètres au-dessus de la mer dans la partie de l'ouest ; au nord-est, le plateau s'abaisse entre 2^m,50 et 3^m,50.

Aucun hameau dans cet étroit îlot, battu sans

cesse par les vents de mer. Mais sa situation à l'entrée de la Vilaine, comme en sentinelle entre Belle-Isle et l'estuaire de la Loire, en a fait jadis une position militaire de premier ordre. Aussi Vauban avait-il construit une véritable citadelle dans la partie du nord ; plus tard, vers 1840, quand on entreprit la défense méthodique de tous les points du rivage : îles, baies, caps, plages de débarquement, un grand fort fut édifié au sud-est. Ces ouvrages sont encore en excellent état de conservation, mais ils ont été récemment déclassés. Le vieux fort, que M. Hubeau a fait restaurer et aménager, sert de logement pour les gardiens, seuls habitants de l'île, au nombre de trois.

Quant à la culture, elle est à peu près nulle ; les lapins pullulent : ils auraient vite fait de tondre les récoltes. L'île pourrait nourrir une centaine de moutons ; il y en a une cinquantaine vivant à l'état sauvage, à peine troublés par les rares visiteurs, des pêcheurs surtout, venant s'approvisionner à un puits dont l'eau est excellente. La citerne du fort est très grande, car elle renferme 60 mètres cubes d'eau.

Sur cet étroit espace, la vie est la même qu'à bord d'un navire. On y consomme la même nourriture, réunie en approvisionnements pour six mois entiers. Sauf qu'on n'y éprouve ni roulis ni tangage et qu'il n'y a aucune manœuvre à faire, l'équipage, c'est-à-dire les gardiens, se considère comme embarqué.

XII

BELLE-ISLE-EN-MER

Quiberon. — Port-Maria. — Les îlots. — Traversée du Courreau. — Le Palais. — Souvenirs de Fouquet. — La végétation méridionale. — Campagne de Belle-Isle. — Locmaria. — L'agriculture. — Descente du ballon le « Jules-Favre ». — Bangor. — Port-Philippe ou Sauzon. — La pointe des Poulains. — L'apothicairerie. — Port-Douant. — Du haut du Phare.

A bord de l'Atréen. — Août.

L'*Atréen*, voici un nom de bateau qui vous a un parfum de breton bretonnant ! Ce n'est pourtant pas, comme on pourrait le croire, une de ces chaloupes un peu frustes, mais solides et résistantes que les pêcheurs de Groix et de Sein conduisent sur les mers. C'est un petit vapeur suffisamment élégant et propre empruntant son nom à Auray, un de ses ports d'attache, et faisant le service entre le port de Quiberon — Port-Maria — et le Palais, capitale de Belle-Isle. La Compagnie d'Orléans, en construisant un embranchement entre Auray et l'extrémité de la presqu'île de Quiberon, a rendu le voyage plus commode, mais moins riant. Jadis le petit bateau à vapeur s'engageait à l'heure de la marée dans le fjord formé par l'estuaire de la rivière d'Auray aux rives pittoresques et verdoyantes, on traversait une partie du Morbihan, puis, après avoir franchi l'entrée de cette petite mer, entre les presqu'îles de Ruys et de Locmariaquer, on se dirigeait sur le Palais. Par beau temps c'était merveilleux.

Aujourd'hui le chemin de fer a supprimé tout cela; le service direct d'Auray n'a lieu que les jours de foire et de marché. La voie ferrée est loin d'offrir l'intérêt pittoresque de ces estuaires et de ces côtes si bien découpées. On traverse jusqu'à Plouharnel un pays riant, très vert, auquel succèdent bientôt des landes et de maigres pineraies et, plus loin, des petites dunes, couvertes d'une végétation souffreteuse ; de temps en temps, à travers les dunes, on découvre le mélancolique paysage de Carnac, où le tumulus appelé mont Saint-Michel prend, dans ce bas pays, les allures dominatrices d'une haute colline. Dans cette plaine sauvage, l'œil est attiré par des masses confuses et sombres, ce sont les monuments mégalithiques si fameux.

Le train va lentement, aussi pendant quelque temps voit-on, à l'horizon, se profiler le mont Saint-Michel et les flèches d'églises. Les dunes se rétrécissent peu à peu, la voie ferrée qui, jusque-là, côtoyait la route, est resserrée entre celle-ci et la mer, étalée de chaque côté. A l'entrée du fort Penthièvre le pédoncule de sable est si étroit que, sans des revêtements de maçonnerie, la presqu'île granitique de Quiberon deviendrait une île.

Ile pittoresque entre toutes avec ses rochers, ses dunes, ses tumuli, ses alignements de menhirs, les îlots qui l'entourent et dont l'un, en face du fort Penthièvre, a été habité jadis, à moins que ce soit un lambeau d'une terre plus vaste. Les hameaux sont nombreux aux abords de la voie, hameaux aux noms bien armoricains : Kerboulevin, Kermorvan, le Manémeur. Vers l'ouest la vue est masquée par les dunes et les collines, mais, à l'est, l'immense baie de Quiberon étend ses eaux tranquilles, sur lesquelles reposent les grands navires de guerre de la division du Nord.

Le chemin de fer s'arrête à l'entrée de la bourgade de Quiberon au lieu de se prolonger jusqu'à Port-Maria. Quiberon, maigre et chétive villette, n'aurait jamais sans doute attiré par elle-même les locomotives. Il a fallu le port de pêche de Port-Haliguen, situé à 1,500 mètres de là, sur la baie, et celui de Port-Maria, sur le Coureau, à

un kilomètre, pour donner du trafic. Port-Maria
surtout, où vient accoster le bateau de Belle-Isle.

En un quart d'heure à pied on a gagné Port-
Maria. Le petit port, abrité par une jetée s'avançant en eau profonde, est sans cesse rempli pendant l'été par les bateaux de pêche apportant la
sardine. A mesure que les embarcations accostent,
les fabricants de conserve achètent le poisson.
Celui-ci est rare aujourd'hui, la pêche n'a pas
été fructueuse ; les ouvrières, cependant, attendent dans les sardineries, aussi la concurrence
est-elle vive entre les industriels qui s'arrachent
les cargaisons argentées. Demain, peut-être, les
barques seront-elles pleines jusqu'au bord, et ces
mêmes usiniers, si ardents maintenant, feindront-
ils le dédain.

L'*Atréen* n'est pas encore arrivé, mais au loin
sa fumée apparaît devant une côte grise coupée
en falaise, c'est Belle-Isle. Bientôt le petit navire
grandit, encore quelques minutes il sera accosté
au musoir de la jetée, car la mer est trop basse
pour lui permettre d'entrer entièrement dans le
port. C'est là qu'une fois les rares passagers et
leurs bagages débarqués, nous allons prendre
place.

Enfin l'heure est venue, le courrier est à bord,

on largue les amarres, l'*Alréen* fait mugir sa sirène et s'engage dans le Coureau, c'est-à-dire le bras de mer qui sépare Belle-Isle du continent. L'Océan est calme comme un lac, à peine la houle a-t-elle la force de monter, molle et sans bruit, sur les nombreux récifs qui font un cortège au phare de la Teignouse, à une lieue encore de la dernière pointe de Quiberon nommée Bég-Conguel, péninsule fleurie de violiers. Ces récifs, ces rochers sont les témoins d'une terre emportée par les flots, leurs noms mêmes semblent indiquer que les hommes furent témoins de ce grand cataclysme. La passe d'Er Toul Bihan veut dire le petit trou; Er Toul Braz, le grand trou. D'ailleurs les fouilles des savants locaux ont trouvé des traces d'habitation humaine sur ces roches à peine assez étendues pour installer une tente. Er Toul Braz a fourni des débris de poteries, des ossements d'animaux, jusqu'à des défenses de sanglier. Le reste de la péninsule ne tarderait pas à être rongée de la sorte si on n'entretenait soigneusement l'isthme du fort Penthièvre.

Nous avons dépassé la Teignouse. Le rivage de Belle-Isle grandit. Au sud-est nous distinguons nettement d'autres terres formant comme une chaîne. Ce sont Houat, Hoëdic et les îlots qui les entourent, elles sont parmi les plus petites terres insulaires habitées, parmi les plus curieuses aussi.

Houat et Hoëdic semblent ne faire qu'une terre

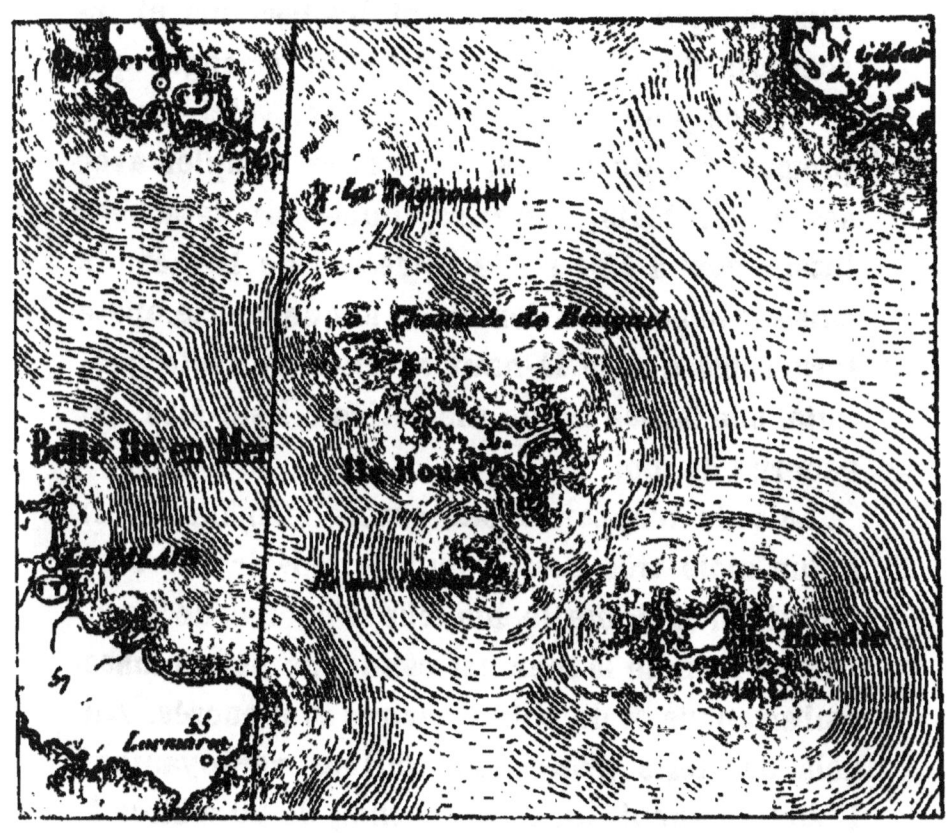

PRESQU'ILE DE QUIBERON ET ARCHIPEL.

D'après la carte de l'état-major au $\frac{1}{320,000}$.

d'abord, mais à mesure que l'*Alréen* avance, le détroit qui les sépare apparaît ; entre eux un îlot, l'île aux Chevaux, qu'on dirait en sentinelle. Ces terres basses et mystérieuses n'attirent pas longtemps l'attention. Belle-Isle grandit, les falaises montrent nettement leurs assises, au-dessus sont des villages blancs et de rares panaches d'arbres. Sur une pointe se montrent les bastions et les remparts d'une citadelle et, chose étrange, que je prends pour un effet de mirage, voici, sur le promontoire du Palais, un navire complet avec ses agrès. Mâts, vergues, hunes se détachent bizarrement à 150 pieds au-dessus de la mer. Je suis sur le point de demander si quelque tempête formidable a jeté là-haut ce brick ou cette goélette, une fausse honte me retient. Peut-être va-t-on rire de moi.

La ville n'apparaît pas encore. On n'en voit qu'un môle très haut, dont le musoir est surmonté par la tourelle blanche d'un feu de port. Devant le môle la mer est calme, de nombreuses embarcations et de petits navires sont ancrés. Au delà des toits gris, des collines verdoyantes. L'*Alréen* franchit un étroit chenal, de 20 mètres à peine, pour entrer dans le petit port où la population se presse afin d'assister à l'arrivée du bateau portant les nouvelles du continent.

Le Palais a tranquille apparence. Les maisons du quai sont assez curieuses avec leurs étages en

surplomb et leurs rez-de-chaussée étroits et bas.
Mais il ne faut pas chercher ici de monuments
remarquables, ni même des édifices privés un
peu vastes. Le Palais est propre et correct, rien
de plus. Sa citadelle, dont les immenses remparts
forment un des côtés du port d'échouage, apparaît
sans cesse dès que, sortant des rues étroites, on
revient près du port. Mais le bassin à flot qui s'étend
au delà, est charmant. Au-dessus des mâts
de goélette et des cheminées de vapeurs la colline
surgit tout à coup, couverte de grands arbres.
Des allées grimpent sous les ormeaux. C'est un
site exquis. Un pont qui franchit le bassin donne
accès dans le bois, de là on atteint le sommet de
la colline, on se trouve alors à l'entrée d'un vaste
domaine où des bâtiments à l'allure de caserne,
mais entourés de beaux jardins, sont dominés par
l'étrange carcasse de navire dont l'apparition au
sommet de la falaise m'avait causé une si vive
surprise. C'est bien un navire, avec ses mâts, ses
vergues, ses cordages, ses agrès, mais il n'a
jamais flotté et ne flottera jamais. Il sert à apprendre
les manœuvres du bord aux jeunes gens
de la colonie pénitentiaire, maritime et agricole.
Ce sont en effet des enfants détenus qui habitent
ces longues et mornes baraques appuyées contre
les remparts de la citadelle. Ils ont remplacé les

prisonniers politiques qui, pendant près de trente ans, ont été internés à Belle-Isle. Construit pour les captifs des journées de juin 1848, l'établissement a eu pour hôtes des milliers d'insurgés, notamment Blanqui et Barbès. Plus tard les soldats de la Commune y ont été enfermés.

De toutes les prisons politiques celle-là fut la moins lugubre. On y était au grand air, en vue de la mer et des doux horizons de l'île. L'œil erre sur de profonds vallons aux pentes couvertes de grands arbres, sur la petite ville du Palais avec sa marine animée et ses quartiers en amphithéâtre, sur le Coureau et, par delà la péninsule étroite de Quiberon, le Morbihan et ses îles, puis, au large, baignées dans la lumière vaporeuse, Houat, Hoëdic et les rochers qui leur font cortège. Il est peu de panoramas maritimes plus beaux que celui-là.

Non loin de la colonie est une lourde et sombre bâtisse de granit, entourée d'un haut mur, à demi enfouie sous les ramures d'ormeaux courbés par le vent de mer. C'est le château Fouquet. Au-dessous se creuse un ravin étroit, aux bords escarpés, entre les flancs duquel s'étend un petit bassin tranquille, dont l'eau est d'un bleu sombre, c'est le port Fouquet.

Le souvenir du fastueux et malheureux surintendant plane sur toute l'île. Il en fut le seigneur, il avait rêvé de s'y tailler une sorte de souveraineté indépendante où il aurait pu braver le roi. Il avait pris fort au sérieux son rôle de marquis seigneur de Belle-Isle; il fortifiait le Palais, créait des chemins, développait la pêche et la navigation, le port lui doit sa création. Aussi lorsque Louis XIV eut décidé la ruine de Fouquet, son premier soin fut de faire saisir Belle-Isle. Une véritable expédition fut entreprise, mais les officiers de Fouquet ne résistèrent pas. Cette partie de la lugubre tragédie qui devait se dénouer dans la prison de Pignerol a inspiré à Alexandre Dumas une des parties les plus dramatiques de son épopée des *Trois Mousquetaires*. C'est à Belle-Isle, dans les rochers de la côte, qu'il fait mourir le bon Porthos.

Si la famille Fouquet perdit la souveraineté de ce coin de terre bretonne, elle en conserva cependant le titre, la propriété et les droits seigneuriaux. Un Fouquet devint maréchal de France sous le nom de maréchal duc de Belle-Isle; aujourd'hui encore il y a des Fouquet de Belle-Isle de par le monde. J'en rencontrai un dans la province d'Oran, il y a quelque vingt ans, faisant des recherches de minerai.

Le château Fouquet, si sombre et si triste,

domine un petit village dont les masures, par contraste, semblent riantes, c'est Roserrière. Non loin de là une belle maison dans le goût italien, mais avec une haute toiture : Bordenéo, attire l'attention ; sous les grands ormeaux s'étendent de délicieuses pelouses. Des pélargoniums vivaces grimpent aux troncs vigoureux des arbres. Des arbustes verts se dressent çà et là. C'est que Belle-Isle, baignée par le flot tiède du gulf-stream, présente, comme la presqu'île de Rhuys, qui lui fait face, le phénomène d'une végétation méridionale. Partout où l'âpre vent de mer ne souffle pas avec trop de violence, les lauriers, les camélias, les myrtes, les arbousiers, les lauriers-tins croissent en pleine terre. Les fuchsias couvrent les murs bien exposés.

De ce plateau, la vue est fort belle, sur des campagnes très vertes, où les hameaux apparaissent presqu'à chaque pas. On ne compte pas moins de cent trente de ces agglomérations de fermes. Aussi en dehors des quatre chefs-lieux de commune : Le Palais, Port-Philippe, Bangor et Locmaria, n'y a-t-il aucun centre méritant le nom de bourg ou de village. Les 10,000 habitants de Belle-Isle se répartissent dans cette multitude de hameaux agricoles séparés par des vallons profonds ou des landes.

Par un de ces villages, Loctudy, je suis allé jusqu'au beau domaine de Brûté. La campagne est riante ; c'était l'époque de la moisson, presque partout des soldats, venus de la citadelle, prêtaient leur concours aux laboureurs pour couper les gerbes. Et les culottes rouges, vues de loin au-dessus de la mer blonde des moissons, avaient dans le crépuscule l'apparence de coquelicots gigantesques.

Brûté est l'exploitation modèle de Belle-Isle. Ce beau domaine appartient au général Trochu, qui commandait Paris pendant le siège.

C'est de là qu'est venu l'exemple pour l'agriculture Belle-Isloise. Les chevaux, les bœufs, les moutons, soumis à une sélection sévère, ont transformé la faune domestique de l'île ; les terres et les prairies, soumises à une culture rationnelle, ont donné des résultats qui en font un champ d'expériences précieux. Enfin la famille Trochu a doté Brûté d'un bois, le seul qu'on rencontre sur le plateau supérieur.

De Brûté un sentier conduit à Bardustern, gros hameau qu'un chemin bien entretenu relie au Palais par le fond d'un vallon tapissé de prairies où sourdent de claires sources et qui aboutit au fond du bassin de la petite ville. Cette sorte d'arrière-port du bassin à flot est une merveille de grâce. On la nomme la Saline, c'est une nappe tranquille, encadrée par des allées d'ormeaux, dominée par les pentes vertes de la colline. Hélas ! une vase noire et nauséabonde en tapisse les bords ; fouillée par des gamins et des pêcheurs qui cherchent des vers pour la pêche, elle répand de tels effluves qu'on gagne vite le bassin à flot, moins pittoresque, mais où l'eau plus profonde est plus pure aussi.

Et l'on rejoint la ville, on grimpe par de pittoresques ruelles en pentes, on monte la rue des Ormeaux qui aboutit à la belle porte Vauban, le monument le plus caractéristique de la ville, d'une élégance sobre, vraiment militaire, et entourée d'une végétation luxuriante. La porte Vauban conduit à la route de Bangor. Du plateau auquel on parvient bientôt, j'ai eu, au crépuscule, un spectacle admirable. Les derniers rayons du soleil s'attachaient, au delà du Coureau, sur les hauteurs druidiques de Locmariaquer, sur les petites falaises et les dunes de la côte du Morbihan. La mer était déjà dans l'ombre et les terres, éclairées par cette lueur oblique venue du couchant, prenaient un caractère mystérieux et fantastique. A cette heure-là on comprend mieux la vieille Armorique, ses croyances antiques faites de terreur et les superstitions qui sont venues jusqu'à nous.

Je suis redescendu au Palais. La ville est déjà endormie. Dans le port d'où la mer s'est retirée, une multitude de barques revenues de la pêche à la sardine reposent mollement. Sans les lueurs troubles, filtrant à travers les petites fenêtres de cabarets de matelots, on pourrait croire que la capitale de l'île est abandonnée. Sauf la mer qui brise au loin contre les rochers, sauf la brise qui passe dans les arbres, sauf le pas d'un douanier arpentant le quai, aucun bruit. Mais là-haut, sur les glacis de la citadelle qui a repoussé de si vigoureuses attaques des Anglais, où Vauban et Marescot ont accumulé les défenses, un soldat chante, d'abord lentement. C'est une chanson bretonne, me dit un compagnon de traversée retrouvé à l'hôtel.

La voix s'enfle peu à peu, d'autres voix s'unissent à la sienne dans un accord parfait — avec un accent méridional :

> Montagnes Pyrénées.
> Vous êtes mes amours

Les prétendus Bretons viennent des rives de la Garonne ou de celles de l'Adour !

Kervilahouen

Je suis allé hier coucher à Locmaria, la commune méridionale de Belle-Isle. C'est un des nombreux « lieu de Marie » qu'on rencontre dans la croyante Bretagne. La commune dont ce bourg est le chef-lieu occupe toute la partie la plus étroite de l'île, elle comprend 32 villages ou hameaux capricieusement répartis entre la côte et la campagne, hameaux d'une propreté exquise contrastant avec ceux du littoral continental, mais le pays n'a rien qui attire particulièrement l'attention. La mer, du côté du Coureau, est bordée de jolies plages, malheureusement peu accessibles faute de routes ; dans les parties de l'est et du midi, au contraire, elle est formée de hautes falaises entourant des baies charmantes ou tragiques.

De petits vallons aux pentes herbeuses sillonnent le territoire, sur les plateaux de belles cultures font honneur au travail des agriculteurs. Cette région contient moins de landes que le centre et le nord de l'île, les habitants y ont fait des progrès plus sensibles, ils ont mieux profité des leçons des soldats suisses qui tenaient garnison. C'est, en effet, aux régiments suisses de

Courten et de Castella que Belle-Isle doit la transformation de son sol et la culture de diverses variétés de pommes de terre. J'ai trouvé ces détails intéressants dans les très curieux mémoires du général baron Bigarré, originaire de Belle-Isle, parti comme mousse et devenu général de division et aide de camp du roi Joseph. Les leçons des Suisses n'ont pas été perdues, l'île se fait remarquer par la variété de ses récoltes, les céréales, les pommes de terre, les prairies naturelles alternent avec le maïs. Certes, il y a beaucoup à faire encore pour que Belle-Isle atteigne la prospérité de l'île de Ré, terre beaucoup plus peuplée et bien moins étendue, mais on peut compter que le pays se développera encore. Ce territoire de 8,500 hectares nourrit plus de 10,000 âmes, soit plus de 120 par kilomètre carré, presque le double de la moyenne de la France. Il élève plus de 1,000 chevaux, plus de 4,000 bœufs ou vaches, 2,500 moutons, 900 porcs. Peu de cantons possèdent un cheptel aussi considérable.

La pointe orientale entre le phare de Kerdonis et la pointe de l'Échelle (Bêg er Squeul) est la partie la plus peuplée de la commune, les villages et les moulins à vent sont particulièrement nombreux. C'est là, à Kerdavid, que le 1ᵉʳ décembre 1870, un ballon, le *Jules Favre*, parti la veille de Paris, vint atterrir, poussé par un vent violent du nord-est. Sur ce point l'île n'a pas une lieue de largeur. C'est merveille que l'aérostat ait pu éviter une chute dans la mer où il était poussé. Le capitaine, M. Martin, put sauter à terre le premier ; son compagnon, M. Ducorroy, s'échappa un instant après. Quant au ballon, il fut poussé par le vent au village de Tisseréno, bâti sur la route centrale de l'île, et finit par s'abattre.

De Locmaria et Tisseréno, un sentier conduit au village de Poulden dominant un petit port naturel abordable à des barques. Toute cette côte est profondément découpée, taillée en falaises, hérissée de sauvages entassements de granit, percée de grottes et d'abîmes. Mais il est difficile de la parcourir, à chaque instant il faut descendre dans des ravins et en remonter les pentes. L'étrangeté et la grandeur du site font cependant oublier la fatigue ; d'ailleurs, n'a-t-on pas la grotte de Port-Herlin, dans le petit fjord de ce nom, qui nous réserve des merveilles ? Hélas ! la mer est haute, la grotte est inabordable ! Il faut traverser un vallon étroit, sauvage et charmant, près du hameau de Calastrène, et gagner le Grand-Village, qui se compose d'une dizaine de maisons, bâties sur une péninsule couverte de landes, en vue d'une mer mugissante qui se brise sur le rocher appelé Île de Bangor, du nom du bourg voisin chef-lieu d'une des quatre communes de l'île, comprenant 89 villages.

Mais il est tard, en route pour Bangor. Le chemin réserve des surprises, il domine une petite vallée très étroite, très profonde, très verte, où les prairies et les bois offrent à chaque instant de nouveaux sites. A l'extrémité du vallon s'étend le bourg, assez vaste, mais sans intérêt. Il est temps de revenir au Palais où l'on entre par la porte Vauban.

Ce matin, au point du jour, j'ai pris la route de Sauzon. Mais le plateau qu'elle traverse est fort monotone ; trouvant, à l'orée du petit bois de Brûté, un vallon d'aspect plus accidenté, je suis descendu dans ce profond repli du sol ; quelques minutes après j'atteignais un petit fjord entouré de hautes roches de schiste. L'endroit est grandiose, la mer a érodé la roche, elle y a creusé des grottes curieuses, mais de difficile accès. Ces cavernes, célèbres dans l'île, n'ont pas la beauté des cavités rencontrées dans les terrains calcaires, il ne faut y chercher ni stalactites, ni stalagmites, ni draperies de concrétion. Les dimensions de la salle principale sont fort restreintes. Mais, du fond des galeries, montent des plaintes, des

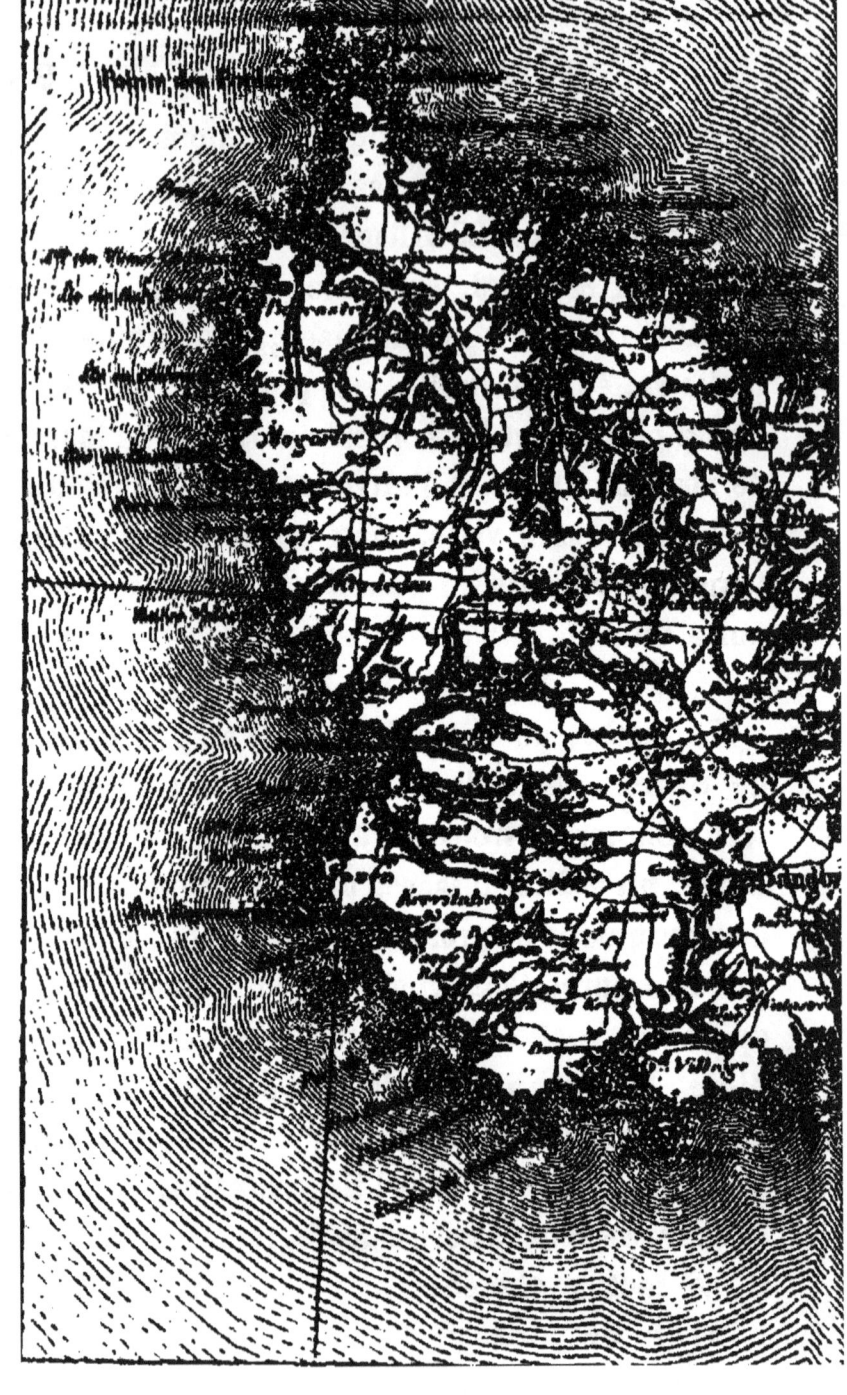

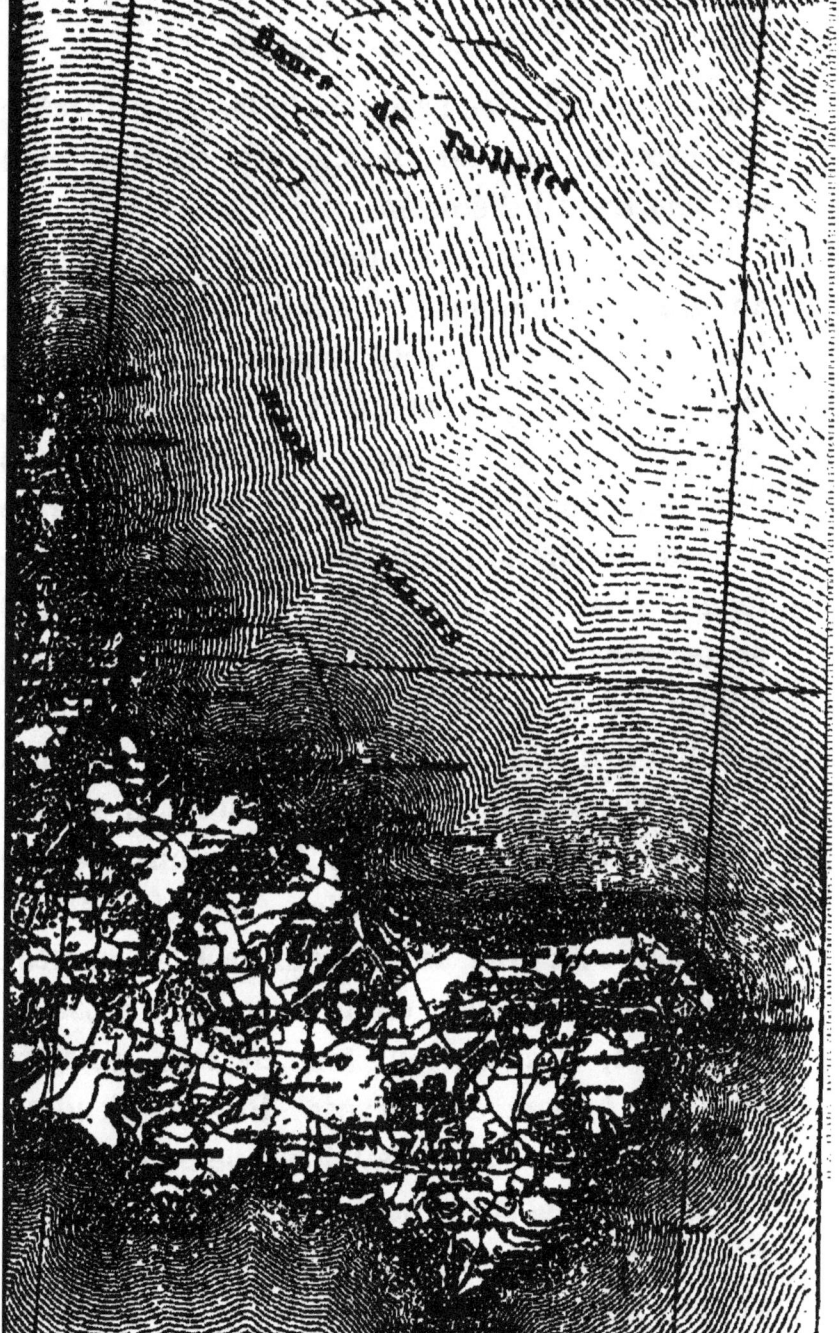

soupirs, parfois des bruits de lutte. C'est l'Océan qui pénètre dans les profondeurs, en continuant son lent travail d'érosion.

D'autres grottes sont creusées dans ces falaises, au milieu des amoncellements de rocs épars, semblables à des monuments druidiques, au bord de tous ces fjords qui indentent si profondément la côte. Leur visite est longue et pénible, reprenons le chemin intérieur. Un sentier descend par le hameau de Brenantec dans une dépression profonde, c'est la vallée principale de l'île. Les pentes sont couvertes d'une herbe épaisse ; au milieu des pelouses, les genêts et les ajoncs fleurissent, formant des landes étroites ; au fond jase un ruisseau clair, bordé de saules, il aboutit à un lac d'un bleu sombre, enfermé entre des collines de 50 mètres d'élévation. Le lac est étroit, 150 mètres au plus, sa longueur de 1,800 mètres ; il est profond et clair, on dirait un *loch* écossais. En réalité, c'est un petit bras de mer, un fjord analogue à ceux de Norvège. Près de l'endroit où la route du Palais l'atteint, une belle maison de campagne porte le nom singulier de *Crawford*. C'est un souvenir d'une pénible époque, celle de l'occupation anglaise pendant la guerre de Sept ans. Après avoir été repoussés le 7 avril 1761 en perdant plus de 700 hommes, les Anglais tentèrent un nouveau débarquement quinze jours après. Ils furent plus heureux cette fois. A la suite d'une bataille perdue par nous vers Locmaria, le 22 avril, le gouverneur général, M. de Sainte-Croix, dut s'enfermer dans le Palais. Pendant plusieurs jours l'ennemi tenta de nombreux assauts ; le 13 mai, le Palais était emporté, non sans de grandes pertes pour l'ennemi dans les diverses sorties, notamment le général Crawford fut fait prisonnier. La citadelle résista jusqu'au 7 juin, mais, à bout de ressources, M. de Sainte-Croix dut capituler ; il obtint les honneurs de la guerre.

Les Anglais occupèrent aussitôt la ville avec plus de 20,000 hommes ; on put craindre un moment que Belle-Isle devînt définitivement anglaise. Le vainqueur y créait des routes, réparait les ports ; le général Crawford, devenu gouverneur, y construisait la maison de campagne que nous venons d'apercevoir. Mais, lors du traité de Paris, les Anglais restituèrent Belle-Isle, en échange de Port-Mahon, dans l'île de Minorque.

Les habitants avaient beaucoup souffert pendant l'occupation anglaise : villages détruits, bestiaux enlevés, rien ne manqua à leur misère. Ce désastre eut cependant un heureux résultat : le roi fit abandon de ses droits de propriétaire ; le territoire fut partagé entre la population : 561 familles reçurent chacune 10 hectares, puis 64 familles acadiennes chassées d'Amérique par la perte du Canada vinrent s'établir dans l'île et reçurent des terres à leur tour. De cette époque date la prospérité de Belle-Isle[1].

De la maison Crawford, qui rappelle ces souvenirs, on découvre donc ce joli fjord. Sur la pente exposée à l'est, un gros village, presque une petite ville, étage en amphithéâtre ses maisons coquettes entourées de figuiers, de lauriers et d'autres plantes méridionales. C'est Sauzon ou Port-Philippe, le second centre de l'île ; le port, abrité par des môles de granit, a été construit sous le règne de Louis-Philippe, de là ce dernier nom. Sauzon arme quelques bateaux pour la pêche à la sardine, trois fabriques de conserves y ont été installées. La marine donne donc un peu d'activité à cette petite ville qui renferme à peine huit cents habitants sur les 1,700 de la commune, le reste est réparti entre 27 villages établis sur le plateau, assez loin de la côte.

---

1. On trouvera d'intéressants détails sur cet afféagement de l'île dans une brochure de M. Leray : *Belle-Isle-en-Mer, description et histoire*, à laquelle nous avons eu plus d'une fois recours.

Car elle est sinistre, cette côte, sinistre et superbe à la fois. La mer, poussée par les tempêtes, lance les embruns avec une telle violence sur les falaises, hautes cependant de plus de 40 mètres, que la terre végétale est rongée, le roc est à vif, à peine recouvert d'un mince gazon pacagé par les moutons. L'île se termine en une pointe aiguë bordée de rochers fantastiques qui sont parmi les plus beaux de nos rivages. La mer les a creusés et déchiquetés en aiguilles et en cavernes ; partout où le roc a présenté des parties friables, il a été rongé par le flot qui a pénétré ainsi jusqu'à l'intérieur du sol, les voûtes de ces cavités se sont alors affaissées et ont formé des abîmes d'aspect terrifiant. L'un d'eux, appelé le puits de Baguenères, n'a pas moins de 150 mètres de tour et 30 de profondeur. D'autres « puits », dont l'orifice est moins vaste, sont appelés des cheminées, ils sont en communication avec la mer. Pendant les gros temps, les flots engouffrés par la base jaillissent au-dessus du sol à une grande hauteur, avec des mugissements qui se mêlent aux rumeurs de la tempête. Sur cette petite péninsule se trouvent ainsi réunies bien des merveilles qu'on va chercher ailleurs.

La pointe extrême, dite pointe des Poulains, est un inexprimable chaos de roches schisteuses, parsemées de rognons et de filons de quartz donnant l'impression de traînées de neige. Il est peu de paysages plus surprenants que celui-là : les rochers prennent toutes les formes, se creusent d'arcades, se hérissent en obélisques : appelés *pilers* (piliers). L'un d'eux représente, à s'y méprendre, un lion au repos. Au delà de la pointe, une petite île, reliée à la grande à marée basse, supporte un phare dont l'isolement est tragique. Pendant l'hiver, quand la mer est forte, les vagues passent à douze mètres au-dessus de la lanterne. Les braves gens qui vivent là restent souvent des mois sans sortir de l'étroite maison qui supporte la tour du phare. Un des gardiens habite ici depuis vingt-cinq ans, il n'a jamais parcouru l'île, sa femme n'a pas dépassé Sauzon où elle se rend le dimanche à la messe.

De la pointe des Poulains, la côte, toujours très haute et bordée de landes, présente un aspect de désolation inexprimable jusqu'à une baie assez vaste entourée de hautes roches en désordre, formant un cirque dans lequel s'ouvrent encore de petites anses. C'est le « port » du Vieux-Château dominé par le hameau de Bortifaouenne et dans le fond duquel débouche un vallon étroit.

A partir du Vieux-Château, la côte devient de plus en plus accidentée. Les roches déchiquetées forment des amoncellements indescriptibles, ces masses schisteuses, dentelées à l'infini, glissent sous le pied en s'effritant. Par un sentier assez mal entretenu, creusé à même la roche, où le mica étincelle et, mêlé aux rognons de quartz, donne vaguement l'impression de la glace, on descend vers le rivage. Tout à coup le roc s'entr'ouvre en un immense porche recouvrant une mer bleue et profonde qui s'étend jusqu'au fond d'une grotte comparable aux grottes marines les plus vantées. C'est la grotte de l'*Apothicairerie,* elle doit ce nom bizarre, dit-on, aux nombreux nids que les cormorans y avaient symétriquement bâtis dans l'ordre régulier de bocaux de pharmacie.

La mer profonde renvoie la lumière sur les parois avec des délicatesses de nuances infinies; par une trouée dans la roche, on aperçoit, au-dessus de sa tête, le ciel d'une limpidité merveilleuse.

Mais ce qui fait surtout la beauté de l'Apothicairerie, c'est le chaos de roches surgissant de la mer, aiguilles, dômes, pyramides, tables, formant un ensemble d'une puissante grandeur; un de ces rochers, l'îlot de « Roc Toull », est percé d'une grande ouverture.

On s'arrache avec peine à ce spectacle sauvage et grandiose. Des surprises nous attendent encore : toute la côte est frangée d'autres ports, hérissée de promontoires, bordée d'îlots. C'est la partie la plus sauvage de la Côte sauvage. Les villages : Borcastel, Kerguech, Magarlec, sont bâtis au loin, là où les embruns ne peuvent plus parvenir, laissant entre eux et le rebord de la falaise une vaste zone dénudée. Sur l'un des promontoires « Er Hastellic », un sémaphore agite ses grands bras et ses pavillons, c'est le premier point de communication entre les paquebots venant des Antilles et le continent. De la plateforme on domine une immense étendue de mer, mais l'œil revient toujours à ces côtes formidables sur lesquelles le flot brise sans cesse et où les tourmentes doivent être d'un terrifiant effet.

En continuant à longer la falaise avec précaution sur un sentier vertigineux, descendant et remontant les pentes de ravines profondes, on rencontre d'autres sites étranges : les « ports » de Bordenave, Puec, Scheul, surtout le port de Donant, seraient célèbres partout ailleurs. Ce port de Donant est une baie très ouverte, où la mer arrive avec fureur, où, aidée par le vent, elle a amoncelé des dunes exploitées comme engrais calcaire. Dans la baie aboutissent plusieurs vallons arrosés de ruisseaux et tapissés de prairies. Ce coin a séduit un Anglais, il y a bâti une construction originale, d'où il a, pendant l'hiver, le spectacle des plus grandes furies de l'Océan.

C'est au-dessus de Port-Donant que se dresse le grand phare de Belle-Isle, feu électrique assis sur une falaise haute de 43 mètres qu'il dépasse encore de 46 mètres, hauteur de la tour ronde qui supporte la lanterne. La lumière s'étend en mer jusqu'à 28 milles.

De la plate-forme du phare on peut le mieux se rendre compte de l'aspect de Belle-Isle. L'île tout entière se déploie aux regards, traversée par le long ruban de ses routes, coupée en damier par les cultures, sillonnée par ses profondes et fraîches valleuses ; le manteau roux des landes de Bangor fait une tache au milieu de l'île ; les innombrables villages font scintiller leurs toits, leurs maisons mettent des taches blanches sur le fond verdoyant. A l'est, la citadelle du Palais surgit de la masse ombreuse des grands arbres.

Au pied du phare s'ouvrent les ports Coton et de Goulfar non moins curieux que les autres indentations de l'île ; en mer sont les îlots des Baguenères, de Domois, de Bangor. Sur la pointe du Talut, un second sémaphore a été installé.

Au loin, les côtes de Bretagne, la longue péninsule de Quiberon, le Morbihan, Houat et

Hoëdic forment un cadre merveilleux à cet immense tableau.

Mais la journée a été longue, nous n'aurons pas le courage de rentrer au Palais ni même à Bangor pour dîner, Kervilahouen nous offre l'hospitalité primitive d'une auberge où j'essaie de faire causer deux ou trois Belle-Islois venus en partie fine. Y a-t-il des mœurs particulières à l'île? on me rit au nez. L'île est devenue banale.

Jadis les feux de la Saint-Jean étaient l'objet d'une réjouissance générale, aujourd'hui à peine quelques villages en ont conservé l'habitude. Au Palais, c'était une solennité, le sénéchal venait à la tête des autorités civiles et militaires et du clergé mettre en personne le feu au bûcher. Le général Bigarré, fils d'un sénéchal de l'île, et qui, à ce titre, avait été baptisé aux sons de la musique du régiment de Turenne, raconte, dans ses *Mémoires*, que son père, ayant eu des démêlés avec le comte de Béhague, gouverneur, vit celui-ci lui faire barrer le chemin du bûcher par des grenadiers pour lui interdire de remplir les devoirs de sa charge. Le sénéchal força la consigne et, malgré les baïonnettes, mit le feu au bûcher; la foule hua le gouverneur. A la suite de ce conflit héroï-comique, M. de Béhague fut exilé à Versailles et M. Bigarré fut nommé procureur du roi à Dreux. La disgrâce dura trois mois, puis on renvoya sénéchal et gouverneur dans l'île, mais le petit tyranneau qui avait voulu jadis enrégimenter les habitants, les obliger à porter les cheveux en queue et les faire travailler en corvée pour lui tracer un jardin anglais, ne put accepter le triomphe du sénéchal. Il obtint le commandement de Brest. Pour célébrer cette petite révolution qui eut lieu peu de temps avant la grande, les Belle-Islois devraient bien continuer l'usage des feux de la Saint-Jean.

Hélas ! les vieilles coutumes s'en vont avec le costume ; les habitants, mis en relations plus fréquentes avec le continent, enrichis par la culture et la pêche, oublient les usages du passé. La pêche surtout, par le développement de l'industrie des conserves, a beaucoup contribué à modifier la population. Belle-Isle et les petites îles de Houat et d'Hoëdic arment pour la pêche du germon ; 119 embarcations y font la pêche de la sardine, 35 millions de ces petits poissons, valant 400,000 fr., ont été livrés en 1890 aux fabriques locales et aux industriels des ports voisins. Le Palais est un marché considérable pour la sardine, de même que pour la pêche des homards et langoustes qui occupe 51 bateaux.

C'est donc la sardine qui fait la vie du Palais et de Port-Philippe, aussi les matelots ont-ils consacré cette prépondérance des sardiniers dans une de leurs chansons de bord :

> Allons à Belle-Isle
> Pêcher la sardine,
> Allons à Lorient
> Pêcher le hareng !

De la vaillante race des marins de Belle-Isle est sortie l'illustre famille Willaumez dont un des membres fut amiral de France.

Le père était un canonnier du Palais qui alla habiter Sauzon et s'y livra à la culture ; le jeune Willaumez garda les troupeaux, tout en étudiant chez le curé Thomas. Poussé par une vocation irrésistible, il s'embarqua comme pilotin. Le jeune homme avait la passion des sciences exactes, il travailla si bien à bord qu'il attira l'attention de ses chefs et mérita une récompense de Louis XVI, le roi lui envoya un cercle à réflexion. D'Entrecasteaux l'emmena avec lui à la recherche de La Pérouse ; une fois en mer, il remit au pilotin le diplôme de lieutenant de vaisseau, chose bien rare à cette époque pour un roturier.

Cette petite terre de Belle-Isle que je quitte à regret a donc été une pépinière de soldats et de marins. Les luttes soutenues pour conserver à la France cette superbe position ont eu pour effet d'exalter le patriotisme des habitants et de développer chez eux le goût des armes et de la mer ; il n'est pas étonnant que tant d'hommes distingués en soient sortis.

TABLE DES MATIÈRES

LES ILES DE L'ATLANTIQUE

I. - D'Arcachon (Ile aux Oiseaux) à Belle-Isle.

Pages.

Comment j'ai été amené à visiter les îles. — Iles rattachées au continent et terres entourées d'eau. — Caractères généraux de ces petits mondes. — D'Arcachon à Belle-Isle   1

I. — L'Ile aux Oiseaux.

L'île de Robinson. — Le bassin d'Arcachon. — Les crassats. — Élevage des huîtres. — Découverte de M. Coste. — Création des claires et des parcs   5

II. — La Seudre et les Iles de Marennes.

Le pays d'Arvert. — Les monts qui marchent. — La Tremblade. — La Grève. — La Seudre. — Les marins. — Marennes. — Visite aux parcs à huîtres. — L'île de Marennes. — La pointe et le fort Chapus. — En mer 21

III. — L'Ile d'Oleron.

La naissance d'un archipel. — Saint-Trojan. — La dune et la forêt. — L'ostréiculture. — En route dans l'île. — Les marais salants. — La Provence en Saintonge. — Réservoirs à poissons. — La Chevalerie. — Ors. — Potences à loubines. — Le Château d'Oleron. — La Gaconnière. — Dolus. — Saint-Pierre. — Un géranium géant. — Boyardville 37

LE BORD DE L'ILE D'OLÉRON.

La propriété dans l'île. — Population surabondante. — Les cultures. — Les héritages. — Les centres de population. — Les routes. — Sauzelle. — Chéray. — Saint-Georges. — La récolte des varechs. — La Brée. — Saint-Denis. — La tour de Chassiron. — Du haut du phare 50

LA CÔTE SAUVAGE D'OLÉRON.

Les rochers plats. — Prairies marines. — Les pêcheries. — Sabre de pêcheur. — La mer pendant l'hiver. — Dans le sable. — Chaucre. — Domino. — L'Ileau-de-la-Grand'Côte. — Le Rocher-Vert. — La Cotinière. — L'auberge de Tantale. — La pêche à la sardine. — Le bois d'Avail 68

AU SUD D'OLÉRON.

Les naufrages de la côte Sauvage. — La baie de la Perroche. — Un compagnon de Beautemps-Beaupré. — Le père Méchain. — Un projet de Napoléon Ier. — Le Bry. — Propriété collective. — Les oignons de Saint-Trojan. — La dune littorale. — Maumusson. — Le phylloxéra à Oléron. 81

IV. — L'ILE D'AIX.

L'île d'Enet. — La pêche des huîtres portugaises. — Embouchure de la Charente. — Dans l'île d'Aix. — La maison de l'Empereur. — Visite de l'île 100

V. — L'ILE MADAME ET BROUAGE.

Les rochers des Pallos. — Affaire des brûlots (1809). — L'île Madame. — La passe aux Bœufs. — Une ville morte. — Brouage et ses remparts. — Souvenir de nos vieilles armées 114

VI. — L'ILE DE RÉ.

De la Pallice à Rivedoux. — Sainte-Marie et ses vignobles. — La Noue. — Rivedoux. — La Flotte. — La capitale de Ré, Saint-Martin et ses édifices. — Le Bois et ses dunes. — La pêche. — Récolte du varech. 131

TABLE DES MATIÈRES.

Dans le nord de l'île. — La Couarde. — Abus du balivage. — Isthme du Martray. — Ars-en-Ré. — Saint-Clément-des-Baleines et ses phares. — Dans les marais salants. — État de l'industrie salicole. — Les Portes et le fier d'Ars. — Loix et son île. . . . 146

VII. — L'Ile d'Yeu.

En chaloupe. — Arrivée à l'île d'Yeu. — Port-Joinville. — Poitevins et Bretons. — Saint-Sauveur. — La pointe des Corbeaux. — La côte Sauvage. — Une roche tremblante. — Le port de la Meule. — Au vieux château. 161

Dans le Fouras. — Les confiseries de sardines. — État actuel de cette industrie. — Les chevaux d'Yeu. — Fabrication de la soude. — Au dolmen de la Gournaise. — Les Chiens-Perrins. — Du haut du grand phare. — Idées d'un insulaire sur le continent 175

VIII. — L'Ile de Noirmoutier.

A la recherche des sardines. — Saint-Gilles et Croix-de-Vie. — L'existence des pêcheurs. — L'eau-de-vie et sa prime. — De Saint-Gilles à la Barre-de-Monts. — Le pays de Monts. — Le goulet de Fromentine. — Noirmoutier. — Excursion dans l'île. — Le bois de la Chaise. — L'île du Pilier. — Le fumier combustible. — Le passage du Gois. 189

IX. — De l'Ile de Bouin à Saint-Nazaire.

Dans le Marais. — Beauvoir-sur-Mer. — L'île de Bouin. — Bourgneuf et ses vignobles. — La viticulture dans la Loire-Inférieure. — Le pays de Retz. — Paimbœuf. — En Loire. — Saint-Nazaire. 205

X. — Archipel de la Grande-Brière.

Un archipel ignoré. — Iles d'hiver. — La Grande-Brière vue de Saint-Nazaire. — Comment elle s'est formée. — Visite aux vingt-sept îles. — Groupe de Saint-Nazaire. — Trignac et Montoir. — Aignac. — Pendille et ses satellites. — Mœurs et coutumes des Briérons. — Les cultures. — Le travail à Saint-Nazaire. — Extraction de la tourbe et des bois fossiles. 231

XI. — L'Ile Dumet et la Presqu'île du Croisic.

Pages.

Les anciennes îles du Croisic. — Comment elles se sont rattachées au continent. — Les druidesses de Batz. — Pornichet, la Bôle et le Pouliguen. — Les marais salants. — Grandeur et décadence. — Le bourg de Batz. — Le Croisic. — En route pour l'Ile Dumet 249

XII. — Belle-Isle-en-Mer

Quiberon. — Port-Maria. — Les îlots. — Traversée du Coureau. — Le Palais. — Souvenirs de Fouquet. — La végétation méridionale. — Campagne du Belle-Isle. — Locmaria. — L'agriculture. — Descente du ballon le « Jules Favre ». — Bangor. — Port-Philippe et Sauzon. — La pointe des Poulains. — L'apothicairerie. — Port-Donant. — Du haut du Phare. 275

Nancy. — Impr. Berger-Levrault et C⁰⁰.

BERGER-LEVRAULT ET Cie, LIBRAIRES-ÉDITEURS

Paris, 5, rue des Beaux-Arts. — Nancy, 18, rue des Glacis.

En cours de publication

LEXIQUE GÉOGRAPHIQUE
DU MONDE ENTIER

publié sous la direction de

M. E. LEVASSEUR (de l'Institut)
PROFESSEUR AU COLLÈGE DE FRANCE

PAR	AVEC LA COLLABORATION DE
J.-V. BARBIER	**M. ANTHOINE**
SECRÉTAIRE GÉNÉRAL	INGÉNIEUR
DE LA SOCIÉTÉ DE GÉOGRAPHIE DE L'EST	CHEF DU SERVICE DE LA CARTE DE FRANCE
	AU MINISTÈRE DE L'INTÉRIEUR

CONDITIONS ET MODE DE PUBLICATION

Le Lexique géographique paraît par fascicules de 4 feuilles gr. in-8° (64 pages) d'impression compacte à 3 colonnes, avec cartes et plans dans le texte.

Il comprendra environ 50 fascicules, formant 3 volumes de 1,000 à 1,200 pages chacun.

Il paraîtra environ 10 fascicules par an. Le 8e fascicule est en vente (mai 1895).

Prix du fascicule : 1 fr. 50 c.
Prix de souscription à l'ouvrage complet : 70 fr.

La souscription donne droit à la réception gratuite de tous les fascicules pouvant dépasser le nombre prévu. — Envoi du *prospectus-spécimen* sur demande.

En cours de publication

DICTIONNAIRE MILITAIRE

ENCYCLOPÉDIE DES SCIENCES MILITAIRES
RÉDIGÉE
PAR UN COMITÉ D'OFFICIERS DE TOUTES ARMES

CONDITIONS ET MODE DE PUBLICATION

Le Dictionnaire militaire formera deux gros volumes grand in-8° jésus à deux colonnes, d'environ 80 feuilles (1,280 pages) chacun.

Il paraîtra par livraisons de 8 feuilles (128 pages).

L'ouvrage complet comprendra environ 20 livraisons. Toutes les dispositions sont prises pour que les livraisons soient publiées dans des délais très rapprochés. Les trois premières livraisons sont en vente (mai 1895).

Prix de la livraison : 3 fr.

Une feuille spécimen de 16 pages, brochée sous couverture, sera envoyée gratuitement à toute personne qui en fera la demande.

BERGER-LEVRAULT ET Cie, LIBRAIRES-ÉDITEURS
Paris, 5, rue des Beaux-Arts. — Nancy, 18, rue des Glacis.

Ouvrage couronné par l'Académie française

ARDOUIN-DUMAZET

VOYAGE EN FRANCE

1re SÉRIE

MORVAN — NIVERNAIS — SOLOGNE — BEAUCE
GATINAIS — ORLÉANAIS — MAINE — PERCHE — TOURAINE

Un volume in-12 de 356 pages, avec couverture illustrée.
Prix : 3 fr. 50 c.

2e SÉRIE

ANJOU — BAS-MAINE — NANTES — BASSE-LOIRE
ALPES MANCELLES — SUISSE NORMANDE

Un volume in-12 de 358 pages, avec couverture illustrée.
Prix : 3 fr. 50 c.

Le *Voyage en France* de M. Ardouin-Dumazet formera une suite de volumes répartis par régions géographiques. Les chapitres sont consacrés chacun à une province ou canton, dans l'acception historique de ces termes, c'est-à-dire à un pays que ses particularités de mœurs, de coutumes et de production distinguent des pays environnants. L'ensemble constituera une géographie ethnographique, économique et industrielle, un inventaire pittoresque et scientifique à la fois des richesses, des beautés et des curiosités de la France ; c'est une remarquable œuvre d'observation personnelle qui dépassera en intérêt et en originalité tout ce qui a été publié jusqu'ici en ce genre.

Nancy, imp. Berger-Levrault et Cie

www.ingramcontent.com/pod-product-compliance
Lightning Source LLC
Chambersburg PA
CBHW071331150426
43191CB00007B/702